別人的眼光
沒資格打敗你

文長長——著

序

別人的眼光沒資格打敗你

有一次，我偷懶沒更新文章，把個人微信帳號放到後臺，配上文字：今天晚上和讀者們聊天，有什麼想說的，有什麼想問的都可以發過來，盡我所能，知無不言。

發問的人很多，大多數人的問題集中在人際關係上，主要問題大約是：長得不好看，被人議論怎麼辦；努力學習，被同學嘲諷稱為學霸，感覺被排擠，內心很難受；由於某些原因，被同學或同事在背後議論，心裡很不舒服；打算改變自己，著手做一件事，在還沒開始的時候就被潑冷水說「你不可能成功的」，很鬱悶、很不甘心。

這其中，有一個女生的留言讓我印象很深刻。她在讀大三，正在準備司法考試，然後每天很早就起床去圖書館複習考試，晚上基本也是在圖書館待到十點才回去，跟室友們相處的時間越來越少，感覺錯過了很多事。她們吃飯的時候不再約她一起，出去逛街的時候也不叫她。時常，對於室友聊天的話題，她感覺自己參與不進去，更感覺到她們有意在排擠她，營造一種「就你是好學生，就你愛學習」的鄙視感。她一邊努力複習考試，一邊被宿舍這種人際關係弄得很憋屈，她很困惑，內心想去討好室友，甚至一門心思地想著積極上進是不是錯了。

這種被孤立感，我也經歷過，所以我特別能明白她當時的心情，也真的特別害怕她因為受不了這種孤獨感而想著為了合群去討好室友，放棄自己心裡的計畫和目標，乃至否定自己的努力，當時我很直接地跟她回了一句：別人的眼光沒資格打敗你。

別人對你的態度並沒有那麼重要，你沒必要因為別人的一句話或一個眼神，就懷疑自己甚至否定自己的任何積極與努力。

我曾經真的是一個特別在意別人眼光的人，而且是不分青紅皂白，只要有人說我不好，我第一反應就是覺得自己一定是哪裡不夠好的那種。從不思考那個說我不夠好的人說得到底對不對，從不去想對方是信口胡說，還是真的發現了我的問題。

我曾有過一段特別不好的戀愛經歷，在我表達出很介意男友跟他的女性朋友們走得太近之後，他的紅粉知己指著我的鼻子罵：「究竟是一個長得多麼醜的女孩子，才會這麼沒自信！」聽到他紅粉知己說完這番話後，我的前任一句話都沒說，沒有替我澄清，更沒有替我說話。

當時我真的挺自卑的，哪怕被人欺負到家了，也依舊不敢吭一聲，甚至還對著鏡子看自己，一遍遍地在心裡嘀咕：「我真的長得很醜嗎？我是不是不配被愛啊？」可能是因為我的前任太懦弱，在自己的女朋友被欺負時不敢吭一聲，也可能是當時的我真的挺差勁的，反正這件事對我的影響挺大的。

在很長一段時間裡，我竟相信了那個女生的話，覺得自己長得不好看，而且還不聰明。我變得越發地不自信，我覺得自己不值得被愛，因為我長得醜。我變得患得患失且極度地沒有安全感，我害怕見他的所有朋友，怕被人說我不夠好配不上他，我更變得特別討厭別人跟我開類似「你怎麼這麼沒有安全感」、「你怎麼這麼自卑」的玩笑，因為我真的沒有安全感，我真的自卑，很容易把別人的隻言片語當真。

當然，這段感情最終是以失敗告終了，而我帶著「你怎麼這麼醜，這麼不自信」的陰影走了很久。在那之後，我拚命地想著把自己變得更好看，從內到外，從減肥到看書，注意點滴行為舉止，培養氣質。

我背負這段不自信的過去很久，不敢愛人，甚至被愛時，還會不斷懷疑：這麼差的自己有什麼值得被喜歡的？

過了好幾年，我才慢慢變得好一點。

有一次，我跟好朋友聊天，無意間提到了這件事，我特別認真地跟朋友說：「你知道嗎，我現在還會偷偷去看那個女生的微博，還會在心裡跟她暗自較勁，因為當初她指著鼻子說的那句『究竟是一個長得多麼醜的女孩子，才會這麼沒自信』，真的傷到了我，讓我覺得自己好差勁。」

在聽我講完和她的這段故事之後，朋友特別心疼地對我說：「你這麼好，又聰明又漂亮，EQ高能力強，肯定值得被愛啊，為什麼會那麼傻地覺得自己不值得被人愛呢?當初我們都覺得那個男生配不上你，幸虧最後沒在一起，而且那個女生從頭到尾都不是什麼好姑娘，搶自己閨密的男朋友，人品又差，名聲又不好，你為什麼要那麼傻地相信她隨隨便便說的一句話啊？」

我的朋友去她微博翻出她的照片，當著我的面說：「我真的沒覺得她比你好看。」可能真的隔了很久，我多少有了點底氣和信心，再看她的照片時，竟然發現她也只是一個很普通的女生，而我並不是她隨口說的那麼差。

多年來的自卑感，終於頃刻消散了。我覺得自己真的可笑，別人隨隨便便說的一句話，讓我自我否定了這麼多年，真不值。自己真的是太傻太天真了。

朋友一直跟我強調：「在大多數人眼中，你很優秀，而且聰明漂亮，很多男生、女生都是喜歡你的。你值得被人愛，你可以擁有一份百分之百完整的愛，你要相信你自己，不要因為別人隨便的一句話、一個眼神就否定自己，她們說的很有可能是錯的。」

這幾年，我基本是靠好朋友們的鼓勵，才由一個自卑沒有安全感的女生，變成現在臉皮超厚自稱「老娘」的女漢子，這一路上，我越來越體會到：你要相信自己對事物的判斷，相信自己深思熟慮後的每一個決定，更重要的是相信自己。

當我們與社會交手越久，就越發明白這世上並不是所有的東西都可以以好壞來分。人們對你的評價、看法或者是對你說的話，都是基於一定的前提，很可能會特別主觀，甚至很多時候他們對你的態度是充滿偏見的。

那位「紅粉知己」當時隨隨便便說的一句話，估計也只是因為我搶了她的曖昧對象而口不擇言地說了一句「惡毒話」，其中的真假程度，有沒有基於事實，根本不得而知。倘若你真的如我一般相信他們說的那些鬼話，那就真的掉進了自己人生的陷阱。

我們不能過分在意別人對我們的看法，更不能讓別人對我們的看法影響我們的行為，那樣的話，我們就活成了他們想要的樣子。可我們憑什麼要活成他們喜歡的樣子，憑什麼要讓他們的一句話、一個眼神就對我們的「改造」得逞，憑什麼要被他們打敗？

這一路走來，我沒少被各種人用眼光打量。我也曾像最開始提到的那個讀者一樣，因為積極地去圖書館看書、學習而被人孤立，甚至在沒有早課的上午，我照常早上七點半起床，盡可能動作很輕，卻依舊被室友故意找碴說：「你天天起這麼早去圖書館學習，都吵到我們睡覺了。」發現這招對我沒用之後，她們乾脆拉攏我說：「別那麼早去圖書館，反正也是看各種文學書，對你以後發展並不會有多大用處，乾脆跟我們一起睡覺吧。」

我這個人挺「不識好歹」的，堅持要做的事就一定要做，所以沒少被孤立。起初看到別人都是成群結隊的，我一個人坐那邊吃飯挺丟臉的，感覺自己像是一個沒有朋友的怪人。後來看到室友一起做一些事時主動把我排除在外，我的內心也是很難過的，年輕的女孩嘛，肯定都是喜歡跟親近的朋友在一起的。

我曾在一次次孤獨或一人吃飯的時候想過，我要不要變得稍微合群一點，跟她們做朋友，不要那麼格格不入地努力著，我也真的嘗試過，但每次賴床睡覺的感覺並不是舒服，而是覺得自己很頹廢，在浪費光陰。

當時我只是一個十八歲的女孩，真的會在這種糾結憋屈的情緒中不知所措，後來我跟我的一個朋友講了這個感受，當時她就跟我說：「當大家都處於一團泥沼中不斷下陷的時候，他們不會對身邊的人說這種感覺多麼的不好。相反，為了讓自己頹廢得心安理得一點，他們會用各種方法勸你一起下陷，藉由言語上的勸說、眼神上的鄙視或者各種別的方法拉你一起。這個時候，你更要堅持自己，你想變得更優秀，就要遠離那些消耗你的人。」

後來，我堅持我的特立獨行，我看了很多別人眼中所謂的「雜書」，在我寫文章的過程中派上了大用場；我早早地習慣了獨處，鍛鍊了獨立思考問題的能力，更重要的是，我沒有浪費我的大學時光。透過四年的時間，我讓自己變成了另外一種人，擁有了另外一種不同的人生。

別人對我們的消耗，不僅僅出現在宿舍中，還頻繁出現在學習、工作乃至更紛繁的生活中。他們通常會用言行舉止暗示你：「你這種做法不對」、「你不會成功的」來打擊你的積極性，拉著你一起變成平庸的人。

說句特別冷漠的話，撇去拚命努力的一小部分人，我們身邊有很多人都是很懶惰且沒有目標的。這類人自己不思上進還特不希望別人也變得更好，原因很簡單，你變得更好會打破他們原有的生活秩序，會刺痛他們已經接近麻木的「心」，會讓他們變得不那麼開心，所以他們會想盡一切辦法將你那顆充滿鬥志的心打敗。

你要做的就是，堅定自己的信念。只要是你真正下定決心做的事，就堅持做下去，不要因為別人的一言一行、一舉一動而去懷疑自己。世界上最不會欺騙你的人是你自己，你要聽從自己的內心，而不是別人所謂的「建議」、「勸說」。

在我最開始努力寫文章的時候，身邊有很多人勸我放棄，包括我的爸爸。他曾說「家裡從沒有人靠寫文章寫出什麼前途來，你也根本不可能，甭浪費時間了，還不如好好看幾本專業書」；我身邊的同學和朋友也大多會說「你肯定寫不出什麼來的，也只是寫著玩玩而已」；甚至在我寫作進行得還算順利的時候，我曾經最好的朋友，公然出來酸我說「不就是能寫幾篇文章嗎？我也能寫得這麼好，只不過我沒寫罷了」。

在我寫了幾篇還算有點熱度的文章，被各大平臺轉發後，依然還有人罵我，對我進行人身攻擊。我的憋屈和孤獨無人訴說，身邊的朋友全都不懂我，我不知道跟家人說什麼，唯有抱著手機蹲在樓梯走道上哭著跟「思想聚焦」的吳老師說：「我好難過，我什麼都沒做錯，為什麼有人要罵我啊?!」

那些天，我難過且害怕地把微博所有的提醒都關了。後來，我爸爸知道了這件事，他還一直勸我：「要不咱就別寫了，寫文章還會被人罵，為什麼還要繼續寫呢?!」

回首這一路，我身邊很多人用各種看得見、看不見的懷疑眼光打量著我，想要阻止我；家裡人保守，怕我耽誤學習；關係好點的朋友，出於嫉妒或者各種原因不想我走得太快；同學們也特別不甘心：憑什麼我們一起學習四年，只有你能走這種狗屎運？

起初，我會因為各種言語攻擊而傷心難過，後來看多了那種穿著「我是為了你好」糖衣的毒藥，我突然明白：成長本來就是一條孤獨的路，沒有同伴，沒有感同身受，反而還會有各種猛獸，別人不希望我變得更好，我不可以遂了他們的意。

我付出了那麼多的努力，我堅持了那麼久，因為我不想像他們那樣甘於平庸。他們不夠格成為我的對手，哪怕有一天我輸了，我也要正大光明、心甘情願地輸在戰場上，輸給那個與我相匹敵的對手，而不是輸給旁觀者。

目錄

Part 3 你沒有對不起任何人

Part 4 我曾手忙腳亂地愛過你

目錄

Part 5 你得時刻做好應對生活的準備

Part

1

希望有翻臉的底氣

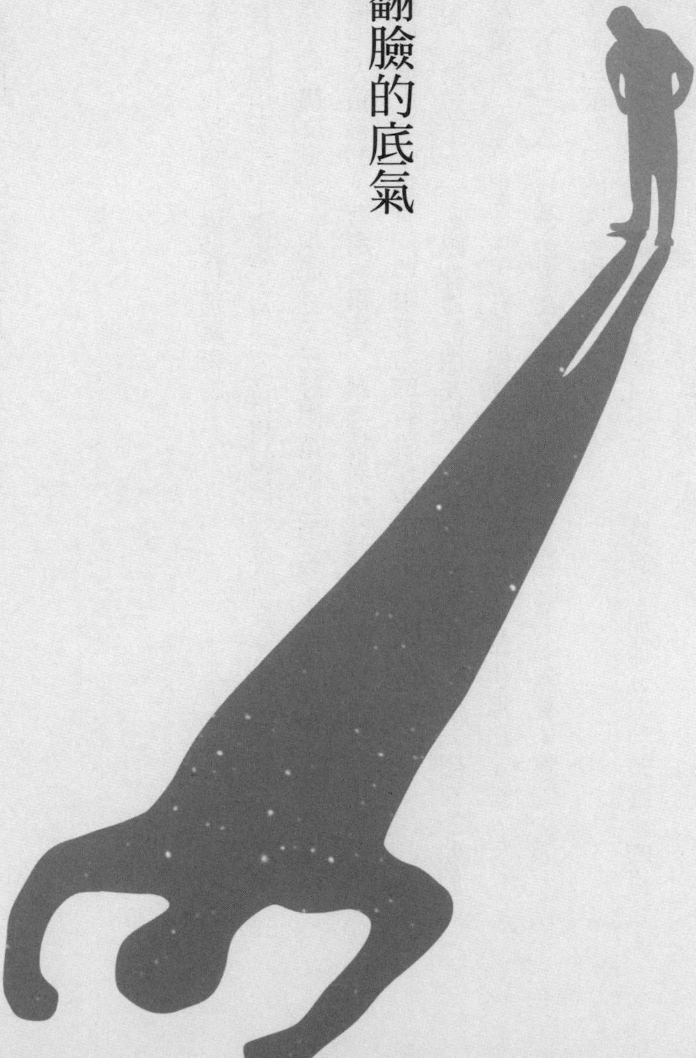

比你厲害的人，其實比你拚命多了

這一年多來，我見識了很多特別厲害的人。

其中，有已經出過三本書的、有三個月將微信公眾號從零粉絲經營到二十萬的、有因為寫了一篇文章而一炮而紅，已經跟電影公司簽了版權合約，即將把自己筆下的故事搬上大銀幕的、有還沒畢業，單憑接微信公眾號廣告就月入六位數的、有微博千萬粉絲的大V、也有一些很努力的新銳作家……

怎麼說呢，我曾不止一次跟身邊的朋友說：「我壓力好大啊，朋友圈裡的他們一個個都那麼厲害，也許很多人現在所做到的，我以後花好多年也無法達到。」

我焦慮，不止一次，我甚至會在心裡想念以前天天混吃混喝無憂無慮的生活，像我身邊很多不那麼努力的人一樣。

終究只是偶爾想想而已，我知道已經回不去了。見過了那種努力到頭髮絲的拚搏姿態，讓我再回到安逸的生活狀態，我真的做不到。

你真的該努力了

所有厲害的人，真的都很拚。

我有一個朋友叫徐滬生，我一直關注他的微博，發現他每天都會發書評，後來真正對他瞭解是因為他的一篇文章，是寫《月亮與六便士》對他的影響，他的那篇文章對我觸動滿深，看完他的文章，我在簡書上寫了一篇讀後感。

他是知乎、豆瓣名人，也是簡書簽約作者，他寫的幾本書銷量都很不錯。我覺得他已經算特別厲害了，但他也真的是比一般作者更努力，用他形容自己的話來說就是「天天努力如雞」。

有一次，我剛好遇到一件事，比較猶豫，不知道怎麼做決定，我跟他說了之後，他幫我分析了一番，並且還建議我該怎麼做，以後可以在哪方面提升自己。聽了他的話，我明晰了很多。說實話，我覺得他人真的超級好，非常熱心地給了我一些很中肯有用的意見。

我跟他說：「真羨慕你，這麼厲害。」

他說：「其實我每天都很努力的，努力努力再努力，每天看書，寫稿，囤稿，包括現在第三本書上市才一個月左右，就在準備出自己的第四本書。」

很多時候，他在群組裡和我們聊天，討論的都是今天寫了多少字，又或者是找到了什麼樣的素材，其餘時間則是自己在默默地看書，反正都是在努力提高自己。

每次跟滬生聊完，我都覺得自己滿慚愧的，雖然我也在努力，但是與他相比，我真的是既沒有他厲害，又沒他用心投入。現在，我要求自己每天寫一篇文，一個星期看三本書。

我也認識很多白天上班，晚上寫文在自己微信公眾號上推送的作者，而且他們還都能做到日更（編按：每日更新的意思）。

我曾經加入一個日更群，其中一條群規就是：加入此群從此踏入不歸路，公眾號不許停更，過年走春時背電腦吧。裡面的很多人，並不是全職作家，平時照樣上班，下班回來充電寫文。其中，好幾個人的微信公眾號的粉絲已經有十幾萬了。

有時，當你眼巴巴地看著別人的文章又上熱搜了，除了好羨慕，一定也希望自己能夠這樣。但我可以很清楚地告訴你：你若只是淺淺地那麼一想，一輩子也不可能變厲害。

你不會知道別人在那篇上熱搜的文章後面又寫了多少篇、那些做成某件事的人私底下究竟努力了多少，你不會知道在你玩遊戲、看熱劇的無數個日夜，別人一直都在拚命提升自己。正如網上很流行的一句話說的：「以大多數人的努力程度之低，根本輪不到去拚天賦」。你現在的懶惰，也足足配得上你此刻的平庸。

微博大V「思想聚焦」的吳雁老師有時在群組裡跟我們聊天，總是到了晚上十一點多還忙著，還沒吃晚飯。很多次，淩晨三四點，他還在群組裡說自己在忙，每天就睡三四個小時。他可是擁有千萬粉絲的知名大V哦，他比我們很多人都厲害，可也比我們拚命得多。

在你羨慕別人表面光鮮的時候，你可知道，在你早已進入夢鄉的時間裡，別人還在拚命，他得到的比你多，那是因為他付出的比你多得多。

這世上最可怕的是，比你厲害的人，其實比你更努力，而你卻視若無睹。

我並不是要放大「努力」，我想傳遞的只是：你真的該努力了。

就拿我來說，圈子裡隨便拎出一個都比我厲害。每個星期都要崩潰一次，自我否定無數次之後，我還是要一遍遍地對自己說：加油別氣餒，吃完這根冰棒，咱們再努力一會兒。粉絲很少，我也在堅持寫，被批評寫得差，我也沒放棄；青春正好，我也想舒舒服服地吃著西瓜看著影視劇；我也想天天把迷茫掛在嘴上，然後自得其樂地放縱自己；我也希望再也不會為每天寫什麼文章而絞盡腦汁……

舒服自在的日子誰都能過，可是我不願意服輸，哪怕我的天賦不夠，那我就後天努力：別人花一年的時間能做好，我不怕花兩年，反正我就是想和那些比我厲害的人為伍。

其實，哪怕此刻我說得再決絕，我知道過段時間自己一樣會再次遇事崩潰，但低落過後，我還是會昂起頭，一往無前。陪我一起努力的有那麼多人，我並不孤單，而且想想那些比我厲害的人此刻比我更努力啊，資質平庸的我又怎敢懈怠呢！

當然，你可以說平凡是最好的，那麼就請你臥在自己蹣跚的人生軌道上喜樂自在吧，別再羨慕別人了。

別讓你的人生只剩一項技能

我認識一個朋友，是武漢一家健身房的女教練，身材特別好，我不止一次當著她的面或者私下對別人稱讚她。

我好喜歡她，超羨慕她的身材。

後來，我和她變熟了，私底下也會聊天。有一次，借著好奇心，我問她：「你為什麼要來這裡當教練啊？」

她很坦誠地說：「我十四歲就進了國家隊，是運動員，沒讀過什麼書，特別羨慕你們這種讀了大學的。」

我笑著說：「那我也挺羨慕你的好身材，還有渾身上下散發出來的氣質，咱倆扯平了。」

她說，自己現在還沒完全退役，只是抽空來這邊工作，再過兩年就可以退役了。不知道自己以後該做什麼，感覺自己除了運動，什麼都不會。

一時間，我竟不知道怎麼接話了，但是很肯定地回了她一句：「除了運動，你肯定還得再學會一項技能來謀生。」

過了一會兒，她看著我手上前段時間做的指甲說：「我特別喜歡美甲，還有化妝。我有個朋友開了一個美甲店，有時我會過去幫忙。我前幾天還幫著給人家做了一個假睫毛，我也給別的顧客做過指甲，別人說挺好看的，下次有機會我幫你做。」

我看著這個和我年紀相仿的女生，很真誠地衝她笑了一下，然後說：「也許你以後可以往這方面發展，既然你有興趣做，也會做，完全可以和朋友一起開個店，也算是學了一門手藝。你長得漂亮、身材好，幫顧客做指甲的時候，還能跟人家聊一下健身方面的知識，豈不是挺好的。這樣，你的生活也會有底氣多了。」

她看著我，笑著說：「跟你聊天真開心，我還真有這方面的打算。退役的時候，我應該會有一筆錢，我想去嘗試一下，萬一有一天我身體突然不好了，也得需要別的技能來生活下去。」

很早之前，我跟一個朋友聊過一個話題，關於獨立和自由選擇生活。

我的那位朋友很優秀，是化工方面的研究生，成績很好，在一家培訓機構做兼職講師。因為專業知識很強，研究生畢業後，她打算繼續走科研這條路。她懂一些

選擇人生，不要被迫謀生

電腦程式設計，雖不是學這個專業的，但比大多數專科畢業生的技術都強，而且還能寫一手邏輯嚴謹的好文章。

當時，她總是跟我提到一個觀點：有一天生活遇到什麼變數，我們要有自由選擇繼續生活的能力和底氣。

如果我在一個單位上班，做得實在不開心，遇到一個討厭的老闆，希望我能乾乾脆脆地離開，而且不用擔心沒了工作就失去了生活來源。只要我身上有另一項技能，除了這份工作，我還有別的生存能力。

我挺喜歡龍應台寫給安德烈的信中的一段話：「孩子，我要求你讀書用功，不是因為我要你跟別人比成績，而是因為，我希望你將來會擁有選擇的權利，選擇有意義、有時間的工作，而不是被迫謀生。」

在很長一段時間，那位朋友也是這麼鼓勵我的，她說：「你現在努力就是要掙一份底氣，它讓你有敢於離開一個錯的人的勇氣，和抽身離開一份你不喜歡的工作的能力。而想要做到這些，你就要不斷地學習新知識，別讓你的生活永遠只剩下一項技能。」

或許，我是一個特別沒有安全感的人，總覺得生活有太多的不安和不確定性。哪怕你此刻靠某項技能生活得很好，但你不能保證一年後、兩年後還能如此，如果沒有足夠的應變和學習新知識的能力，難免會被美好的生活淘汰。

換一個高級的詞語來形容這種態度就是「居安思危」。我孤注一擲過，明白那種把所有希望都放在一個人或一件事上的壓力和不確定性造成的焦慮，而且我能很肯定地說，大多數人在孤注一擲的時候，其實是走投無路了，必須放手一搏。

擔心失敗後就什麼都沒有了，那種被動和不安的心情我現在都還記得，那滋味挺不好受的。雖然那種孤勇看起來挺酷，但如果可以的話，我這輩子再也不想體驗了。

在還有選擇的時候，我會選擇一種更好的方式，來讓自己不至於陷入那種焦慮不安的情緒中；我會儘量不讓自己的人生只有一條路走。在我一往無前的時候，我會拚盡全力往前衝，但我會在後面佈置退路。我害怕我的人生有一天變成非誰不可，或者只剩下無可奈何的尷尬。

我現在對自己的要求是，如果有一天，我眼前謀生的方法出了問題，不能靠此謀生，我還有繼續生存下去的本領和能力。

我們還這麼年輕，未來的日子和變數有很多，著實不能讓我們的未來都壓在一項技能上。有一句話說得很中肯：不要把雞蛋全部放在一個籃子裡。

在聽到那個女教練說「除了運動，我什麼都不會」時，我還是感到害怕，更多是想到自己。我害怕再過一段時間，我也會像她一般無助地說：「除了寫文章，我什麼都不會。」

我靠寫文章養活自己，我靠運動養活自己，我靠自己的興趣養活自己……這些聽起來的確挺酷的，但也真的挺可怕的，我不希望自己是這樣的。我一直覺得一旦把自己的人生全賭在你的熱愛上，是很危險的一件事。

我特別害怕和擔心未來的某一天自己會陷入這種境遇，所以拚命地想要學習一點別的東西。哪怕我以後不寫文章了，即便只是偶爾興趣來了寫一寫，那我的生活也是開心的，因為我不僅有自己熱愛的東西，還有別的技能養活自己。

我不希望以後別人提起我就說「這是一個只會寫東西，全靠寫文章謀生的人」，這聽著真的挺可怕的。我想把自己活成「斜槓青年」的模樣：是暢銷書作者，也是公司出色的員工；是孩子喜歡的媽媽，也是未來的他可信賴的愛人；是出色的烘焙愛好者，是健身達人，也是旅遊背包客……

術業有專攻，如果可以的話，活成一個行業的精英人才自然是挺好的，但真正的精英人才並不是只會做一件事，他們的知識是豐富的，技能是豐富的，選擇是豐富的，他們的人生是豐富的。

總之，千萬別讓你的人生貧瘠得只剩下一項技能。

對呀，我就是運氣好

在我周圍很多朋友眼中，我是走狗屎運的那個。

平時的玩鬧我沒落下，該看的韓劇、小說我也沒少看，吃喝玩樂，我樣樣都參與了，可平時任何證書考試我都能一次過關，我參加的一些面試活動也總能拔得頭籌。他們找不到合適的理由解釋這種情況，也不相信都在一起吃喝玩樂的我還會有額外的時間去努力學習。

最後，他們把一切歸結於「我的運氣太好了」。

他們笑著對我說：「我什麼時候能有你這運氣就好了，玩得舒服，學得也輕鬆，真羨慕。」我也懶得解釋，跟著打哈哈說：「對呀，我就是運氣好。」

二〇一七年初，有一場證書考試要面試。我是和幾個同學一起去的，等了一個多月，結果出來了，就我一個人過了。

#運氣好也是一種實力

當時，我們幾個人在一起查成績，其中一個同學看到我過了，就對我說：「為什麼你可以過啊，你們那個考場的面試官特別鬆吧？」

怎麼說呢，我聽到她說這句話的第一個想法就是：緊張、焦慮、失意的情形下最能看出一個人的情商。她怎麼可以這麼著急、這麼直接說是我運氣好呢？

當時，我沒有急赤白臉去爭論什麼，在本著不給他們傷口撒鹽的善意前提下，我說：「對呀，我這次是運氣好點罷了，你們也別太難過。」

第二天，他們又在班上大肆宣傳了一番，說他們沒過，是因為他們面試考官都太嚴了，順便還把我捎上做了個對比，說我的面試官就特別鬆，羨慕我運氣好。

我全程沒說一句話，也沒有站出來解釋，所有考官手裡的面試合格率都是一樣的；我也沒有跟他們說，為了準備這場面試，我每天早起去圖書館後山坡對著樹練了很久；我也沒有跟他們解釋，為了應對面試官題庫隨便抽的兩道題，我把整個題庫五百多道題都記熟了。

我默默地看著他們誇大我的運氣，否認我的努力和汗水，我雖然沒有虛榮到想要所有人誇我努力，但是想到自己所有的努力被全盤否定，我也滿生氣。最後，我還是用這麼一句話說服了自己：運氣好也是一種實力。

但其實沒有哪種隨口歸結於運氣的成功真的是靠運氣。

我有個高中同桌，是每個班最招人恨的那種聰明人，上課從來不聽講，下課就跑去打籃球了，可人家每次考試都是前三。

在大多數人眼中，他一天的動態是：每天踏著早自習的鈴聲來教室，偶爾早兩三分鐘，來了就趴在桌子上睡覺，上午第一節課和下午第一節課也是要睡的，睡醒了就開始跟前後左右閒聊，一下課就離開座位，用他自己的話來說是為了「透氣」。他是大多數人眼中的天才，不需要努力就可以成功的那種人。可是我們似乎忘了，世上真正的天才很少。

我和他成為同桌後，認真觀察過他的生活。我發現，他並不是如大家眼中所見的那般純粹是運氣好的天才。每天一套數學考卷，一套英語聽力加閱讀加作文，老師讓我們背的知識重點，他都一項沒落地完成了。只是，在做每件事的時候，他特別用心，高效完成，沒有我們的拖遝。所以，他看起來比我們閒。

如同大多數聰明學生一樣，他也會偷偷回家熬夜做題，然後來了學校裝出滿不在乎全憑運氣的姿態。不知道的人天天膜拜說：「真羨慕你，學得這麼輕鬆，還能考第一。」

真正懂的人才知道，每一次不經意的成功，在私下都努力了很久。

我向來不喜歡誇大運氣的作用，但我偏偏總被別人說成運氣好的典型。

或許，是受我高中同桌的影響，我會把自己的野心和努力隱藏得很深。所以，我也總給人一種天生自帶隨隨便便就做成一件事的好運氣。

我自己深知，為做成一件事我背後付出了多少，失眠了幾次，啃了幾本枯燥但有用的書，甚至在事情沒達到自己預想程度前哭了幾次。

這些，我才不願意告訴你們呢。既然你們看到我的只有運氣好，不會從自身分析問題，也不會找到差距去努力，那我就當個純屬運氣好的人，賣你們一個心安理得，有何不可？

把失敗歸結為運氣，這個是你臆想出來的，更像是弱者的逃避。而聰明的人從來是只會去為自己的失敗找原因，而不是藉口。

當然，也真的是有運氣好的人，但我打賭那些運氣好的人肯定也是有實力的人，因為機會總是留給有準備的人，哪怕生活此刻就在你面前鋪一條通往山頂的直通路，但你能有足夠的把握走到底嗎？你已經強大到能夠與一路的猛虎妖魔做鬥爭了嗎？現實生活的挑戰，一點也不比猛虎容易對付。

很多時候，不是你運氣不夠好，只是你的能力還撐不起你的運氣。

或許跟個人心態有關，我從不會覺得別人做成一件事完全是靠運氣，或許有運氣的成分，但肯定有奮鬥在裡面。我會儘量去發掘別人的優點，去學習好的地方，然後把自己也培養成一個自帶運氣光環的人。

下次，我再被誇運氣好，我不會生氣的，我還會落落大方地說：「對呀，我就是運氣好。」

總有人會令你相信，堅持還有意義

我每天都會收到很多留言，這些留言裡有很大一部分都是在問我：在很難很難的時候，還該不該去堅持做一件事？

有一次，讀高三的表弟也問了我這個問題。他說：「姊，今年就要高考了，可我的成績還是不那麼好，努力後進步也不是很大，你說我還有堅持的必要嗎？我感覺自己可能也就這個樣子了，要不你去跟我媽說說，告訴她我一路走來真的很難，如果最後沒有一個好結果，千萬別怪我。」

聽他說完這話，我心裡也就清楚他的真實想法了。他覺得我是過來人，能懂他的苦衷，他心裡也很清楚，我在他媽媽那裡比較有話語權。最主要的是，他覺得自己繼續堅持下去看不到什麼希望，太難了，索性讓我先當個說客，讓他媽媽不要對他抱太大的期望，同時也好給自己一個藉口不用再那麼堅持了。

當然，在這件事上，我並沒有按照他說的那樣去幫他，而是反問了他：「你再堅持一下，會怎麼樣？」

表弟是一個能言善辯的人，他羅列了一大堆理由來論證堅持是多麼痛苦和看不到希望，他擔心自己堅持了也白費，而且結果很可能還是很糟糕；他覺得既然結果已經沒有多大可能改變了，也就沒必要繼續堅持了，最關鍵的是，堅持太累了，尤其是看不到太大的希望的堅持，加上連續不斷的現實打擊，似乎一切都在暗示他放棄，他確實太累了。

也就是說，在表弟心中，堅持已經沒有多大意義了。誠然，短期來看，比起放肆地去玩，堅持真的是一件讓人很不舒服的事情，但從長遠看，你不繼續堅持下去，你怎麼知道自己不行呢？你又如何進入下一關呢？如何去遇到更好的自己呢？如何見識更強勁的敵人呢？

我對表弟說：「哪怕你此刻覺得堅持沒有任何意義，還是得再堅持一下，再試著走下去看看吧，畢竟人生有時候還是需要堅持去做一些看起來無意義的事。譬如，你明知道我不會當你的說客，你還是願意試試，那你就再堅持一次吧，萬一成功了呢？」

有一次看《奇葩大會》，著名工業設計公司「洛可可」創始人賈偉說了一番話，讓我很是感慨。

堅持能讓我們變成心裡所嚮往的樣子

十八歲，他想考清華美院。在考前培訓班的時候，老師讓他畫六個手電筒，作為一個從小到大只看過一種鐵手電筒的他，自然只畫得出一個，然後老師問他，你從哪裡來的，他回：寧夏。老師說，你騎駱駝來的吧，你回去吧，像你這樣的人我見多了，你考不上的。我見過山裡來的，見過村裡來的，第一次見沙漠裡來的。

老師說完這番話，他眼淚唰唰地流。畢竟懷揣著滿滿的憧憬，結果被老師就這麼直接拒絕了。他相信所有的因禍得福都是因為堅持，所有的堅持終將變成禮物。他並不相信自己真的考不上，他心裡多少也是有點不服氣。他沒有放棄，沒有選擇妥協，沒有一蹶不振。

後來，他去北京各大商場看手電筒，畫了十五天的手電筒。緊接著，就是參加高考專業課考試。他拿起卷子一看，就是要畫六個手電筒。他朝老師會心一笑，老師誤以為他要抄襲。結果，他唰唰唰用了五分鐘時間，畫了六個手電筒。

然後，他舉手找老師要了張紙，唰唰唰又畫了六個……還能繼續畫，唰唰唰又畫了六個，就這樣，一直畫了三十六個手電筒。後來，引得隔壁考場的老師都來看他，然後指著他說：「這是天才。」

再後來，他以全國前四十名的好成績考上了美院。

堅持的意義並沒有停止，當時因為不會畫手電筒被老師幾乎說哭的時候，底下坐著的一個女孩愛上了他。他們倆成為大學同學，她在學校很照顧他，她成了他的女朋友。如今，那個女生已經是他的妻子了。

堅持是有意義的，要是當時的他聽了老師的話，深覺自己考不上便自暴自棄，不去考察手電筒，哪怕高考專業試卷上的題目還是畫六個手電筒，他依舊不會畫。如果他放棄自己，未跟那個女孩考上同一所大學，他的人生也該很不一樣了吧。

我是一個相信堅持是有意義的人，哪怕堅持了並不一定讓你如願以償，但這份堅持在你日後的生活裡總是會發光發熱的。

畢業實習那會兒，寢室的幾個女同學去了不同的公司。或許是一直生活在象牙塔裡，初入社會，我們總會覺得很難適應，因為主管罵了幾句想哭，因為做著感覺沒多大意義的工作覺得無聊很難受，因為什麼都不懂什麼都要學也會怨自己，更主要的是，一下子接觸複雜的社會，各種人際關係讓我們心力交瘁。

她們有堅持不到一個月就辭職的，有兩個月辭職的，反正到最後只剩下小蘭還在堅持。她在一家培訓機構工作，主要是幫忙學生、家長和老師之間的溝通，需要自己去找客源，還要維護客源。

私下聊天時，她也不止一次說過工作很難，現實很殘酷。作為一個新人，和公司同事的關係很難處理，她努力過，卻一直融不進去，有時候心裡生出一種被拋棄的孤獨感。公司有個同事是主管的親戚，他負責的幾個老師都是特別穩定的，不像小蘭，有時好不容易拉來個學生，跟家長那邊溝通好了試聽時間，結果老師那邊出岔子。不止一次遇到這種情況，要麼前天好好答應的老師今天辭職不幹了，或者臨時有事；做不好的時候，會被主管罵，更多時候是覺得壓力很大，擔心沒有業績。

生活並沒有我們所想像的那麼春風拂面，我見過她晚上下班回來，還在不停地和家長們聯繫。她也曾想過放棄，但現實生活沒有「放棄」這個選項可以選擇。為了生活，為了以後的發展，她認為自己根本沒有退路，只得硬著頭皮往前衝。

這是我們與社會第一次正式交手，也許有點吃不消。這是過渡期，這個階段是我們必須經歷的。室友們陸續辭職，小蘭依然在堅持著。室友都覺得她特別傻，做著一份很累且不討好的工作，年前一直在加班，新年一開始就又跑去上班了。

她終於能夠靠自己的雙手養活自己，過程很難，但她做到了，她經此成了一個真正的大人。她擁有了一份工作，一份越做越順手的工作，她用這份工作賺的錢幫她爸爸換了一支手機，算是用自己賺的錢給家人送了一份禮物。

但很抱歉，這不是一個完美的勵志故事，女主角並沒有瞬間功成名就走向人生巔峰。也許她現在還在經歷磨難，在繼續做著手上的工作時，還是會有很難熬的感覺，還是得一遍遍告訴自己要堅持，也許她以後要面對的考驗比現在還多，但這就是生活。從沒有一蹴而就的爽快，一路上你得一步步往前走，或摸索，或匍匐前進，但正是當下的每一次堅持，才能成就自己的人生。

說實話，我也挺好奇自己的人生到底會怎麼樣，沒人能告訴我答案，真正的答案就在我腳下。我希望有一天自己能像賈偉一樣，細數自己的過往時能有話說。一路走來太過平平淡淡也挺沒勁的，我怕等我七老八十跟別的老太太們曬太陽時連話題都沒有，所以人生還得靠經歷，哪怕遇到很多磨難。

苦難並不迷人，被老師否定這件事本身並不迷人，專心致志地去畫十五天手電筒也不迷人，真正讓我們著迷的是一個人的堅持，以及堅持後的成就。若你要問我堅持的意義究竟是什麼，很抱歉，我不知道。世界是奇妙的，我不知道你的一次堅持在未來人生的哪個階段會產生什麼樣的作用。

我能肯定的是，此刻你選擇放棄，也許你一輩子就這個樣子了。堅持的意義大概是，能讓我們變成自己內心嚮往的那個樣子。

聽說你很羨慕我

晚上，我跟朋友在外面吃飯時，學長發了條訊息給我：「最近情緒不太好，有時間聊聊嗎？」

我們不是經常會找對方瞎聊的朋友，但每次遇到真的煩惱事糾結事，都會首先想問一下對方的意見，屬於很交心的那類朋友。

我直接回他：「我現在在外面吃飯，大概四十分鐘後可以回去，到時我跟你聯繫吧。」我知道，當一個人情緒不好，急著想找人分享時那顆焦灼難耐的心。我盡可能快地結束了和朋友的飯局。

接通學長電話，我第一句話就是：「怎啦，說說唄。」不同於女生，男生心裡哪怕再憋屈或有再多的話想說，在最開始也會特別地克制，他很簡短地說：「沒啥。」

我很清楚學長的性格，他需要的是一個人提前開口暖場。我沒有刻意地去問他怎麼了，只是自顧自地跟他講我最近的焦慮和糾結，我很坦誠地說：「最近，我感覺自己壓力很大，感覺自己不努力隨時要被淘汰，似乎我的人生又要回到最初出發時的狀態了。」

在電話那端，學長默默地聽著，只是應和著幾句簡短卻精闢的話。聊了很久之後，學長很認真地問了我一個問題：「你跟我講講，你當初是怎麼走上寫作之路的，我真的很羨慕你堅持了自己的夢想。你說，如果我當時考研，或者找份播音主持方面的工作，是不是也會離我的夢想更近一點？」

學長大我一屆，他是我學姊的好朋友。在高中考試結束還沒踏進大學時，我就認識了他。當時我像個小屁孩一樣總拉著他問這問那，他每次都是很好脾氣地回答我。

後來進了大學，我正式走進他的圈子之後，發現他比我想像中更優秀。他很有能力，是老師們的左膀右臂，老師們很信任他。他很讓人放心，情商很高，但又不是那種讓人厭惡的左右逢源。他總能潤物細無聲地把事情解決得讓所有人都滿意。他聲音很好聽，參加過省裡的演講比賽，還拿了二等獎，他曾一度以高校金話筒等各種演講比賽往屆冠軍的身分被請回去當評委，而且總被別的學校請過去做分享。

他很早就跟我講過，希望自己有朝一日成為主持人或者播音員。當時，我一臉崇拜地說：「學長你聲音這麼好聽，人又踏實肯幹，肯定可以的。」

後來，快畢業了，來到了人生的分水嶺。他剛好考上了公務員，一份讓很多人都羨慕的美差。他有過猶豫和糾結，但還是去上班了。

不能否認的是，大學是一個很能培養個人興趣、給人提供舞臺的地方，那是工作不能提供給你的。我認識很多在大學時某方面特別出眾的人，工作後被很多瑣事牽制住，時間久了，慢慢忘了自己曾經擅長的，只是偶爾在夜深人靜時，回首往事，在自己心底流露出一絲遺憾。

比如學長，工作快一年了，認真勤懇地做著大家眼中很好的工作，但他會突然覺得這樣的生活不是自己想要的，他的人生離自己的初心越來越遠。

學長說：「說來也挺可笑的，當初我們那些口口聲聲要堅持夢想，並且積極為自己夢想努力過的人，最後都沒堅持下來。你喜歡的那個主持人小宇在深圳賣房，我回到了家鄉過著平庸的生活，反倒是你，平時從不吭聲，表面看起來沒怎麼為夢想努力的人，卻成了我們之中一直堅持夢想，並且正在一步步慢慢實現自己的夢想的那一個。」

一時間，我找不到合適的話來回他。在大家眼中，我看起來並沒有為我想要的東西付出多少努力，這可能跟我的性格有關。我不喜歡向人宣揚我為夢想付出了什麼，或者做了怎樣的努力。

然而仔細回顧我的寫作路，全是我一個腳印一個腳印實打實走出來的。而且沒有任何人帶過我，全都是自己一點點摸索出來的。

起初，我在一篇文章下看到別人的作者簡介寫著「簡書簽約作者」，我很羨慕。於是，我也想以這種方式讓我的文章出現在大眾眼前。在沒有任何經驗的情況下，我一個人偷偷在百度上搜索簡書。對，是偷偷地。因為我怕別人嘲笑我竟敢做作家夢，在夢想面前，我最開始是特別不自信，儘管是虔誠的。

我自己默默註冊了一個簡書帳號，開始在上面寫文章。那時是一月分，剛好是大學放寒假，我每天晚上在電腦面前敲著，我爸特別不理解地說：「你能不能不要每天對著電腦不務正業，多看看書，好好學習一下，你怎麼就不知道為自己的未來努力一下呢？」

不止一次，我只能在深夜裡跟我閨密哭訴：「我一個人撐得好難過啊。」閨密說：「你應該直接告訴你爸，你正在為你的夢想努力。」那一刻，我自己在心裡冷嘲自己：「實現了是夢想，實現不了就什麼都不是。」

我清楚我爸的脾氣，在他眼中，我正在做的這些是瞎玩的，如果我跟他直說這是我的夢想，他說不定會更直接地打擊我：「你以為寫作那麼容易，會寫點東西的都能出書嗎？」

那時，我骨子裡是自卑的。我很清楚當時的夢想不堪一擊，我還沒有能力保護自己的夢想，我只能將其默默藏在自己心裡。我甚至做好了最壞的打算，如果夢想無法實現，我就偷偷將它埋葬，假裝自己不曾為它努力過，假裝自己從未想過。這是挺卑微的一種想法，卻也算是給我自己留一點退路。

值得慶幸的是，我在簡書上寫的第一篇文章就有人關注。陸陸續續地，我也有寫過幾篇爆文，並被越來越多的人關注。

落在旁人眼中，也許這只是幾篇爆文，運氣好罷了。然而，它花費了我多少心思和精力，只有我自己清楚。那時，我每天腦袋裡想的都是文章選題，為了保證足夠的輸出，我一週最多看了四本書。

我做得挺絕的，不給自己留後路。我對自己說：「如果這一次嘗試失敗了，我就再也不為這個夢想努力了，得老老實實接受父母為我安排的生活，重新當回乖乖女。」我把自己逼到絕境，跟父母說「不」，跟夢想說「你好」，自己新生活的機會全部都押在這裡了。

我不是拚命努力，而是竭盡全力。

學長說羨慕我為夢想努力的路看起來那麼順利，可是說實話，我更羨慕他，至少他一直是光光鮮鮮地接受來自老師、朋友和學弟學妹的支持。我呢，除了幾個相好朋友的支持，周圍的人幾乎全部都是反對，我一直在跟他們做鬥爭。

在我要簽約出書的時候，我爸說：「自己瞎寫著玩就算了，出什麼書，萬一找你的人是騙子呢！」我很決絕地說：「我需要一本代表作，哪怕對方是騙子，那我也認了，反正我沒什麼好騙的。」

因為我不是從來都優秀，在我寫作剛有一點起色時，周圍人給我的不是鼓勵，而是各種冷嘲熱諷和裹著嫉妒的暗傷。有的人說：「你那樣的文章我也會寫，有什麼好神氣的。」有的人在背後說我壞話，有的人直接罵我。我表面一直假裝沒看到這些，可我心裡很清楚。

有時候，我也覺得挺累的，挺委屈的。我羨慕別人找到了自己的夢想，並且得到所有人的支持。我也想讓自己最好的朋友能支持我，鼓勵我，給我建議，但我卻總是在獨自默默承受夢想的負擔，總是想著給自己一份交代。

很多人口口聲聲要為夢想堅持努力，但什麼也捨不得付出，根本不捨得為夢想繼續堅持一下。

一份很體面的工作，在很多人眼中自然是一個很好的機會，而我輕易地給否掉了，我家裡人氣得直跺腳：「你就是任性，不知天高地厚，你只按照自己想的來，不珍惜機會，不懂得把握機會。」

我沒有後悔過，我只是很單純地覺得那份工作不適合我，對我的寫作和人生發展沒有太大幫助。我為了心裡堅守的一點寫作情懷，不願意用我擅長的文字去寫一些虛假的、違背我本心的東西。

也許在很多人眼中，這個機會很珍貴，很值得好好把握。哪怕旁人再喜歡，我也不要去做，我敢為我想要的捨棄一些東西。

在實現夢想的路上，你總會遭遇各種挫折和誘惑，你得學會面對它們，而不是被它們征服。

別人用我的名字出了一本書，被侵權了，我很難過。我因此自嘲：「真沒想到，我這輩子會要和人打官司。」痛苦、沮喪……所有的倒楣情緒都出來了。身邊朋友說：「如果你不寫書，也就不會遇到這麼糟心的事了。」

對呀，如果不走上這條路，我就不會遇到這樣的事，但我的人生也會少了很多精彩啊。

在我主動搞砸那份美差之後，我想去別的城市。在得知我的想法之後，我家裡人各種勸我留在家鄉，找個事業單位，再找個合適的男朋友，倆人都努力點，未來挺好的。

當他們把我的未來描述得那麼安逸時，我動過妥協的念頭，但我清楚，如果我接受了這份安排，我一輩子也就這樣了。

與此同時，我也一直在勸他們，告訴他們，我自己能夠養活自己，我可以靠自己找到工作；我有朋友在廈門開公司，讓我過去幫忙；我還有朋友一直讓我畢業後就去跟他工作；我有自己的規劃和想法，我想為自己的未來再努力一下。

一時間，我被家裡人當成了叛逆的典型。我為了向他們證明自己可以活得很好，工作上的苦和壓力，我一個人全吞了。有時，我也真的挺焦慮的，總覺得自己不努力就會被淘汰，努力向上爬又真的挺難的，當下的人生總被無力和失落充斥著。對於這些，我不敢跟他們講，只能假裝過得很好。

很多人都羨慕你表面的光鮮，但你背後經歷了什麼，承擔了什麼，只有你自己知道。學長說：「我真的很羨慕你，可以出書，可以為自己的夢想努力，你的那些煩惱在我看來也挺值得羨慕的。」我笑著說：「在焦慮疲憊的時候，我也羨慕你，有一份穩定的工作，活得自得自樂多好，可以活得輕鬆一點兒。」

我更羨慕那些已經走到更遠、爬得更高的朋友們。但是我只是看到了別人的光鮮，每個人背後都有難過的關。

年少時，我們都會單純去看一個人表面的光鮮而羨慕別人。以前，我看報導說哪個明星抑鬱了，我會特別不理解地去想：「要是我過上他那樣的生活，肯定不會抑鬱，過得那麼好，有什麼好抑鬱的？」

稍微成熟了一點兒，我就明白了，勿用自己的主觀判斷去揣測一個人的生活。你沒有處在那個環境，你沒有經歷那種生活，你永遠無法明白別人為了自己想要的東西付出過多少，又努力了多少。

你大可不必總把眼光放在別人身上。別人背後的那份苦，攤開來，你未必吃得了；別人狠心捨棄的東西，你也不一定捨得捨棄。

你應該把注意力放在自己身上，想要的東西拚命咬牙去爭取，做好手頭的每件事，別輕易放棄，別輕易妥協，走好腳下的每一步，終有一天，你也可以成為別人羨慕的對象。而且，你不必沮喪，世上總有人正在羨慕你此刻的生活。

你只管努力，其餘的交給時間。

希望有翻臉的底氣

有一回，我和朋友Z聊天，一如既往聽她吐槽了一通自己的公司，諸如經常加班到很晚，特別累；人際關係處理得特別辛苦，公司同事閒言閒語，雜七雜八的聲音很影響心緒；老闆很混蛋，不僅苛刻，還制定了一套特別讓人受不了的處事準則。最重要的是，她感覺目前這個工作做得特別不開心，不是自己想要的工作，工作內容讓她深感乏味，總覺得這份工作讓自己無法施展手腳。

我記不清這是第多少次了，在聽完她說的這番話之後，我總是勸她辭職，而她每次都有辦法在第N＋1次時，繼續待在這個自己不喜歡的工作環境中。私底下，她對老闆同事依舊不滿，批判著社會的不公、人生的艱苦、小人的嘴臉，但每次見面依舊套上面具熱情大方地笑著跟他們打招呼：「早上好！」

這次，我沒有再安慰Z，很直接問她：「既然你這麼討厭這裡的同事，老闆又如你說的如此混蛋，工作也不是你真正喜歡的，你也抱怨了很久，為什麼不能早點做決定，乾脆辭職走人，何必繼續為難自己？」

遲疑了片刻，Z說：「現在工作很難找，這份工作再討厭，但能給我一份生活的保障和賺錢的滿足感，我還沒有足夠的底氣甩手走人，為了生活，只能忍耐做著自己不想做的事。」

她的這番話給我一種很悲哀的感覺，為了賺錢，為了生活，帶著抱怨做著自己不喜歡的工作，把自己置身一種被動且無奈的境地，自己還不知如何努力並想辦法改變這種情況，真的挺糟糕的。

坦白說，我真的挺討厭這種被錢被生活完全操控了的感覺，如果可以，我希望自己能隨時擁有翻臉重來的底氣。

我所說的翻臉，不同於年輕氣盛，不考慮後路，不管不顧，完全憑脾氣翻臉只圖一時痛快，而是指有隨時離開你不喜歡的人和環境的底氣，並且不後悔，還能讓被翻臉的對象遺憾你的離開。

我有個大學學姊，是一個特別優秀的女生。在讀書期間，忙學校事務的同時，她都會每天抽出兩個小時的時間看書，涉獵範圍很廣，經濟、政治、文學、管理、心理都看，並且不管多麼忙，一定會保證這兩個小時的閱讀時間。

這個習慣一直延續到她工作。下班後，別人忙著休息或者玩樂，她在家看書、學習，還報考各種證書，不斷努力，不斷更新自己的技能。

在工作上，她努力表現得出色，並且盡最大可能地做好手頭上的每件事。她做過幾個挺厲害的項目，公司同事和老闆都清楚並且很肯定她的能力。

後來，有一次升職機會，本該屬於她的，因為內部一些不公的原因，給了另一個人。當時，她沒給已經準備了整套說辭的老闆以及等著她失利而看她笑話的同事任何機會，她很乾脆，拍拍屁股辭職了。準確來說，她是跳槽去了另一家條件更好的公司。

她的能力已經得到了業界的認可，一直有公司挖她過去。她一直為自己留有選擇的機會和底氣，所以當這邊工作得不愉快，她也不用委屈讓自己將就，很直接地用行動讓老闆知道：我早就看厭了你這副嘴臉，老娘不在你這幹了，一樣可以生活得很好。

很多時候，我也希望自己可以這麼帥氣地對那些我不喜歡的人和事給予這種當頭一擊。我希望自己可以不用去討好自己討厭的人，擁有對那些我早就看不慣的人和事翻臉的底氣。

我有一個很厲害但我卻不那麼喜歡的哥哥。每次，他都會呈現出一副「你們都得聽我的」神氣模樣，並且總喜歡抱著一副「為你好」的姿態對我的生活指手畫腳。

身邊人都會對我說：「他是你哥哥，你要聽他的話，平時跟他多聯繫一下，說幾句好聽的話，以後你的工作、你的人生他都可以幫上忙的。」

一般情況下，哪怕我很直接就看明白他那副「為你好」的糖衣裹著的是什麼壞心思，卻依舊不敢反駁不敢吭聲並接受他所希望的一切，還得一個勁地口是心非地說：「謝謝哥哥！」

最讓我討厭的是，有一次，他為了勸我去做一個我爸覺得不安全而且我也不大願意去做的工作，竟然對我說：「你爸在小城市待了一輩子，思想落後，早就跟不上時代了，你別聽他的，他是老古板一個，一輩子沒出息。」

坦白說，我當時挺孬的，哪怕氣得馬上要炸了，眼淚都要出來了，卻只敢憋屈地在心裡罵了他很多遍，就是不敢和他翻臉。我在心裡一遍遍地想：「你憑什麼說我爸，他是他們單位的優秀職工，是市優秀教師，是學生心目中的好老師，是好丈夫，是好爸爸，是我心目中最偉大的人，除了我，別人都不准說我爸的壞話，總有一天，我要讓你看到你眼中的老古板一手培養的女兒有多麼厲害！」

我站在他面前，用力握緊拳頭，指甲都快掐進肉裡了，心裡十分委屈。後來，我只跟和我同齡的姊姊說過這事，她只是說：「那你就先忍著吧，等你攢夠了實力，等到有一天變得很厲害了，就再也不用面對他這副嘴臉了，或許在未來的某一天，他還會需要你幫忙，或許到時候你們就能真正平等了。」

我挺討厭他那副嘴臉，但更怨自己沒有在他面前昂首挺胸的能力。

我爸本是高傲之人，但總想著為我的人生留一條保險的退路，所以每次都對他恭敬得不得了，而換來的永遠是他一臉瞧不上的神情。

在很長一段時間裡，為了證明自己不靠任何人依舊可以活得很好，為了讓父母放心，為了向他展示沒有他的幫助我一樣可以很優秀，為了真正活成一個獨立自由的人，為了不讓家人因我卑躬屈膝，我拚命地努力著。

我想像過很多次，有一天我變得厲害了，我一定要跟他翻臉，把他對我家裡人擺過的臭臉在他面前全都上演一次。

後來，我開始寫東西，終於被各大自媒體平臺轉載，開始被越來越多的人認識，開始出書……在我的復仇計畫還沒實施前，他便開始主動誇我。

在飯桌上，他客氣地向我爸敬酒說：「叔，妹妹真的被你培養得很好啊，咱們家族這麼大，妹妹是第一個出書的，文筆不錯，我看了她的文章，有的寫得真不錯。」

說實話，我這人挺俗的，在他誇我的那一刻，我心裡竟然是竊喜的。我突然覺得復仇計畫到這一步基本也算成功了。也許，成人世界裡並不存在什麼真正的翻臉，有時得到對方的認可，比趾高氣揚地怒懟討厭的人來得更爽快。

或許是看到了我的能力，覺得我有值得他提攜的地方，他為我提供了很多機會。我一直都是這麼想的，他給了我機會，能抓住就好好把握，以後我有了很好的發展一定會感恩他，如若最初那般缺乏坦誠合不來，大不了拍拍屁股轉身離開。我越來越不怕跟任何人翻臉，我已經可以養活自己。

我特別討厭被人打得措手不及，還要接受無法反抗的那種無力感。我希望自己能有翻臉的底氣，有一些選擇的空間，在面對真正的羞辱或無法忍受的不快時，不必盲目無底線地遷就，不是只能面對牆壁抱怨，又或者只能自己在心裡生悶氣，我渴望能用更有力的方式去回擊，並且能擁有更美好的一切。

強大到一定程度時，你才有機會說了算

晚上，我把《終極追殺令》又看了一遍。裡面有一處對白，讓我印象深刻。

瑪蒂達問里昂：「這個世界總是這麼艱辛，還是只有童年這樣？」當時里昂特別肯定地回答：「總是這樣。」

電影中的瑪蒂達，從小被繼母欺負，姊姊經常不讓她看卡通，唯一喜歡的弟弟最後還被人殺了，世上沒有別的親人，只剩下她一個了，孤苦無依。當時的她覺得生活糟糕透了。可能對比她認識的其他同齡人，以及比她大的姊姊，她們的生活看起來稍微順利一點兒，所以她真誠滿滿地問了里昂這個問題。

里昂說總是這樣的。十九歲的時候，他和一個女孩相愛。她父親不同意，一怒之下把她打死了。她家是有權有勢的貴族，她父親在監獄待了兩天就放出來了。作為一個義大利人，他跑到這座陌生的城市再也沒離開，並開始了殺手的生涯。其實，他也挺痛苦的，晚上睡覺從不敢閉眼，每晚都全副武裝坐在椅子上警惕著，在

#不自虐，被他虐

這個城市裡，沒有快樂，沒有悲傷，沒有情緒，他孤獨地活著，這種孤獨幾乎能吞噬一切。

後來，生活中好不容易出現了一個能讓他開懷大笑的女孩瑪蒂達，但這種幸福生活也沒持續多久，為了救瑪蒂達，他最終一個人孤獨地長眠。

這個故事告訴我們：這個世界總是這麼艱辛，不只你一個人是這樣。

剛開始實習時，我的情緒幾近崩潰，就像瑪蒂達問里昂一樣，我也問過一個朋友：「為什麼我覺得這段時間如此難熬，是這個社會一直這麼為難人，還是只有我的生活如此艱辛？」面對我的抱怨，朋友特別平淡地說：「你習慣就好了。」因為他的這份冷漠，我在心裡怨了好久，認為他不理解我。

當時我是在一家報社實習，每天的主要工作就是跟著老師出去採訪，然後回來寫稿子，因為採訪的地點不固定而且總是很偏遠，當時我還住在學校，基本每次到達採訪地點都需要兩個半小時到三個小時的車程。

所以，為了趕早上的採訪，我總是淩晨五點半就起床，然後在路上不停歇地趕，週六和週日早上的公車不是特別堵，通常走得比較順利，其餘日子的早上特別堵，經常需要直接打車趕過去。

有一次採訪，定的時間是早上八點半，採訪地點離學校大約三個小時的車程，八點二十五的時候，我還在車上，距離採訪地點還剩一站路，預估到自己可能會遲到幾分鐘，我禮貌性地給老師發訊息說：「不好意思，我還有一站路，可能要晚到幾分鐘，我會儘快趕過去的。」他回我說：「你不用來了，直接回報社吧。」最後，我一個勁地向他道歉。

我下車後，又花了接近一個小時才回到報社。那次，主任狠狠地罵了我一頓：「你以為你是誰，工作最重要的是守時，守時很重要，你不知道嗎？」我低著頭，站在旁邊，一個勁地說：「不好意思！」

當時我心裡很委屈，很想為自己辯解，但我忍住了。我心裡清楚，距離遠、時間緊，這些都不是理由，在工作中，主管只看最後的結果，那些所謂的原因的只代表自己的能力不達標而已。

「我是第一次遲到，以前很守時」這種解釋沒必要跟他們說，這不是學校，不再會遇到寬宏大量體諒你的老師，你要冷暖自知，沒人再可以接受你犯錯，一次也不行。

當時，我心裡特別委屈，想說：「有很多次，我都按時到了，結果老師沒來，我還在那裡乾巴巴地等了一個多小時。有很多次，我先跟著別的媒體一起採訪做記錄。這次，我不就遲到幾分鐘嗎，為什麼要如此教訓我，說我不守時？」當然，我知道這樣的心裡話不能說出來，只能放在心裡想想，只能一遍遍地激勵自己下次要做得更好。

有時，我也想自暴自棄，真想對生活耍一次賴皮說：「這一局我實在玩不下去了，我們洗牌重新來一次好不好？」轉念一想，我又不是生活的VIP，生活憑什麼給我重新來過的權利。我想快點攢夠跟生活談條件的籌碼，然後帥氣地推翻一切說：「老娘不陪你們玩了，我要制定自己的遊戲規則，下一把我說了算。」

我在心裡安慰自己：「可能這就是生活，生活是很現實的，當你什麼都不是的時候，只能低著頭，別人說了算，等你強大到一定的程度時，你才有機會說了算，而且別人也都願意聽你說，願意尊重你。」

那段時間，室友開玩笑對我說：「你每天來回花在通勤上的時間就差不多有五六個小時了，還經常為了趕時間打車過去，最後不僅一分錢賺不到，還需要投入自己的時間、精力和金錢。」

這個問題我也想過，我也會覺得不公和不甘，也會在心裡和室友對比。朝九晚五，在一家學校附近普通一點的公司實習也挺好的，早上八點鐘起床，上班，下午五點準時下班，拿著大多普通應屆生都能拿得到的實習工資，這種生活也挺好的，為什麼我的生活卻這麼的艱辛？

曾經有一段時間，我挺沮喪地問朋友：「我們的生活為什麼要這麼苦，為什麼不能活成理想中的狀態，快樂多一點兒，煩惱少一點兒？」他都懶得理我，回了我一句：「不自虐，被他虐。」

換句話說，在這個社會生活，你要麼努力成為被人尊重的強者，要麼就被OUT出局，從沒有居中的選項。對於大多數人，生活有兩種選擇，要麼是走艱辛一點兒的上坡路，迎著風雨和各種壓力，要麼就走輕鬆容易一點兒的下坡路，篤定過普通平淡的一生，面臨金錢和生活的各種壓力。

每個人生活中都有大家看不到的另一面，在人前，你可能會覺得我光鮮亮麗無憂無慮，但另一面的我一直在承受著來自現實的委屈，不肯妥協地與生活抗爭著，在無數個深夜裡獨享焦慮不安的撕扯。

我曾特別幼稚地乞求上天放過我一回，賜我好運氣，直接送我到更遠的地方。後來發現，不必指望別人，我們才是自己的貴人，生活總是挺艱辛的，不管此刻還是以後，這一點我們都要正面接受。

你可能覺得現在這段時光挺難度過的，但你要記著，成千上萬的人正和你一起面對這世間的難題，你並不是唯一一個。生活是一條沒有任何人可以幫你走過去的路，你得咬緊牙關一步步跨過去，只有這樣，你才會離你想要的東西越來越近。

此刻，你可能覺得眼前這一關很難過，你像是在打生活的通關遊戲，眼前這一關的BOSS很難打，你更清楚越往後走，遇到的BOSS越強勁，但你可以放棄。很多時候，只因你想去見識一下更厲害的人和更不一樣的風景，只能努力升級學技能來強大自己，就像打遊戲一樣，人生的困難都是分階段的，你得一步一步慢慢往前走。最後，一切都會過去的。

相信自己，你會變得更好

某個星期六的淩晨，大家正在群組裡聊得正嗨，我們在熱烈討論一個話題：隨著年齡的增長，生活中的朋友是不是越來越少？

我在裡面酸溜溜地接了一句「還沒老到一定階段，也還沒開始紅起來，可是隨著我變得越來越好，身邊的朋友卻越來越少，只有那麼兩三個了」，群組裡有人起哄說：「按理說，不該這樣啊，二十出頭的年紀，有點才華，有點小名氣，應該在同齡人中會滿受歡迎的呢。」

手機螢幕這邊的我翻了一個白眼，並說了句「才不是哩，沒紅起來還損失掉朋友，真心疼自己」。說這句話時，我自己心裡滿落寞的。

我並沒有放大這個話題，但我切身的體驗真的是「這世上並沒有幾個人真的希望你過得比他們好」。

與身邊的同齡人相比，我在這兩年開始變得惹人注意。此前，將普通的我丟在

我會以你們眼中「討厭」的姿態好好活下去

人群中，根本就找不出來。我長得不那麼漂亮，也沒有傲人的身材，各方面條件很普通，內心還不愛表現自己，是一個內向得掉渣的女生。

當時我的好朋友，一個閃耀的女生，長得漂亮、人緣好、情商高，曾一度是我眼中真正的女神。她為人聰明，會注意到我的小情緒，不會讓我在她面前流露出明顯的自卑感。當我跟她在一起時，我很清楚她是公主，我是丫鬟，我根本沒資格去嫉妒。我也從沒羨慕她，只覺得她得到的一切，都是她該得的。

那時，我稍微取得一點小小的進步，她都會很直接地稱讚我，鼓勵我繼續加油。當我遇到了渣男，她會幫著我罵。在優柔寡斷的我做出斷捨離決定的時候，她稱讚我很勇敢。在我一點點變得更好的時候，她會及時表揚我。說句難聽的話，或許她覺得「這個女孩這輩子都不會做出多麼厲害的事，永遠只是我身邊的陪襯而已」。

剛上大學那會兒，我很熱衷在「朋友圈」展現自己豐富多彩的生活，健身房、舞蹈課、旅遊、演講、做兼職……碰到好看的風景隨手一拍，加上一組文藝的話，放在「朋友圈」，這些在她眼中都算我的進步，都會真誠地為我點讚。這麼多年來，她對我的好，我真的是看在眼裡，也真的很在意得到她的認可。

但是後來，我開始寫文章，被大號轉載，文章閱讀量多達十萬，簽約出版，新書上市……我再也看不到她的點讚了。我不再故意表現自己生活多文藝，隨便發幾張照片都會有很多人點讚，但再也找不到她支持我的蹤影。

我主動聯繫了她幾次，她的語氣竟是酸酸的。我每天忙著寫文章看書，跟她聯繫少了，而她也一次都沒主動聯繫過我。

有一次，我打了一個電話給她，聊了一下近況，在提到我的新書時，她說：「其實，這樣的文章我也能寫出來，只是我沒寫而已，我怕寫出來了，等自己十年後看會面紅耳赤。」當時的我沒有撕破臉，在電話這端附和道：「是的，看過去寫的文字，我會覺得滿稚嫩，但人生正是這麼進步的。」

我匆匆結束了和她的對話，再也沒主動聯繫過她。她那句酸我的話，我還真的很介意。我不在乎外人怎麼評價我，但你是我的朋友啊，你怎能這樣對我！當我跟自己的閨密提及此事，閨密回我：「她也是一個滿驕傲的人，看到你進步這麼快，肯定心裡會嫉妒或者產生不平衡。這樣也好，至少讓你看清了真的沒多少人希望你過得好。」

這種「我要是寫，肯定比你更厲害」的話，我並不是第一次聽到，而且都是我身邊那些我很在意的人說的。

出書之後，我曾歡喜地跑去以前的學校把我的新書送給老師們。我是真的感恩，我想告訴他們：「我沒有讓你們失望。」我跟其中一個老師聊天，他站在學校的立場，想要我回學校做一場演講。

老師在跟我說了這個提議之後，我想都沒想就答應了。一來，他算是我的恩師；二來，我也真的不會拒絕人。

他跟我談書的出版問題，說自己也想出一本書，我委婉地告訴他：「一般出版社現在主要出一些文學作品，老師寫的教育方面的書，需要找教育類的出版社。」然後，他拿起我送給他的書，說：「我剛翻了一下，裡面的文章跟我現在的學生寫得差不多。」這句話我是聽進去了，還在心裡起了反應。我的第一個感覺是，我比你的學生大五歲，雖然寫文章講天賦，但當著我的面這樣說，有點不好吧。

我繼續不鹹不淡地和他又聊了幾句，他跟我聊自己的出版計畫，我心裡起了疙瘩。我不是一個大度的人，我很小心眼，我會因為老師偏心其他同學卻對我說一句「我總會磨平你的棱角」而記恨五年，然後卯足勁努力證明我不差。我會因為別人瞧不起我家人而記恨很久，然後在很長時間裡記得對方的嘴臉。同樣，老師的這句話也讓我挺沮喪的。

晚上，在家裡的飯桌上，我提起了這事，我媽說：「你怎麼沒反問他，他之前的得意門生在寫作上有我進步快嗎？他教了十幾年的書，之前沒哪個學生出過書吧？我們在家裡怕你驕傲，可以說你不好，但他似乎沒道理如此說你吧?!」

我爸沒有像我媽那麼生氣，很客觀地說：「寫作的確講天賦，但也拚一個人的毅力，從兩個方面考量，你都沒有輸，他高看他的學生和自己了。」

說實話，我也明白那只是他對我的一句氣話。

相比之下，另外一個老師，倒是客觀評價了我的狀態，給了我中肯的建議和指導。哪怕他也有提過「你現在的閱歷還不夠」這個很明顯的硬傷，但我欣然接受了，並不是白眼狼似的覺得老師批評我不足，我就接受不了。畢竟，你故意打擊我的意味不能太明顯。

不管是在一些朋友眼中，還是在一些老師眼中，當我取得的成績超過他們的預期時，他們並不會真心地祝福我，這個道理我慢慢才意識到，還好不晚。

後來，我慢慢接受「這輩子遇到真心對你好的人沒幾個」這種觀點，也開始學著不在意一些人的不善。哪怕那些人在我面前笑臉附和著，但我知道他們都在等著我從高處掉下來看笑話。哪怕此刻當著我的面虛假地說著「你好棒」，指不定背後怎麼罵我，可那又如何，我還是要努力往前走。

或許，有人會問：「你都弄得要孤獨終老了，還那麼努力幹嘛？」

我努力的目的是什麼？借用《馬男波傑克》裡的一句臺詞：現在就憑我，我可以不需要長大成人或者變得多成熟，因為我可以讓身邊滿是阿諛奉承我的人，直到我英年早逝。

哪怕沒幾個人真心希望你過得好，但你還是要堅信，不是因為你努力變得更好大家排擠你，而是你進步得還太小了，他們嫉妒你只是運氣好，等你走得遠到他們看不到你背影的時候，你就會成為他們心中真正的牛人。

上學分班的時候，我喜歡的那個老師帶走了他眼中所謂的精英而撇下了我。我幾番請求帶上我，在學校有一定權力的他，毫不客氣地對我說：「你要尊重學校的安排，你們班的老師也滿好的，你走吧。」如今見到我，他跟我說的第一句話：「其實我滿遺憾只教了你一年，沒教你三年。」我表面附和著說：「沒事的，那一年很謝謝老師。」但我心裡，在揚眉吐氣。

看到這裡，你或許會覺得我戾氣很重，一副小人得志的模樣。我才不是小人，至少我從沒用過非正當手段不分青紅皂白地打壓誰，沒逼著任何人對我說好聽的話，我只是透過自己的努力，給當年委屈的自己一個交代。一個弱小的女孩長成堅強的姑娘，是真不容易。

我只希望有一天，能夠站在顯眼的地方，讓所有人都知道，當初弱小被瞧不起的是我，而今光鮮亮麗的也是我。還好，一路走來，我沒有放棄自己。不會因為別人的意志，我就放棄讓自己光芒四射。如果有一天終於要老去，我也要守住功成名就之後的優雅。如果有人覺得我招人討厭，我更不會輕易倒下，我會以你們眼中「討厭」的姿態好好地活下去。

Part 2

沒多少人會記得你曾出過醜

我感覺自己好沒有存在感

我正在看書，朋友大格的訊息就發過來了：「長長，我好難過，快安慰我。」平時，很少見他用這麼急切的語氣說話，就回了他：「怎麼了啊？說說，我來開導你。」

然後，他開始很委屈地跟我說：「我們公司老闆帶其他人出去看酒店，不帶我去，我心裡好難過，感覺自己很沒有存在感。」

不知道是因為他此刻委屈的樣子和之前的我很像，還是真的心疼這個大男孩，我並沒有對他說那些好聽但根本沒有實質作用的話，而是很直接地說了一句：「你怎麼還像個小孩子一樣鬧情緒，這並不是多大的事。老闆有他的安排，你只管做好自己的事就行了，這個寵沒必要爭。存在感是你自己給自己的，並不是他人給的。」

接著，他又說：「感覺老闆早就想讓我辭職了，心情備受打擊，我想辭職，出

#自己決定自己的存在

去流浪。」

我能從他的話中明顯地感受到小情緒，也知道是他一時的氣話，就反問他：「辭職，你找到下家了嗎？流浪，你有錢嗎？就為了虛無的沒有存在感這件事，沒必要這麼為難自己，此刻好好賺錢，好好寫文，好好生活，才是關鍵。」

我有一個朋友阿貝，畢業一年多，從職場小白變成一個自己帶實習生的老大。有一次，我要送東西給她，去她公司找她，看著別人都親暱地叫她貝姊，有什麼不懂的都來問她，她身邊人來人往，忙得不可開交。

等她來找我的時候，我說：「貝貝，你在公司好有威信的樣子，感覺他們都需要你，離不開你，太有存在感了吧！」

她看著我，反倒不好意思地說：「我修圖技術特別好，英語也不錯，有時候有些材料有些圖片他們不能解決，都會來找我，好多事也的確很需要我的，存在感還不錯。大家遇到不能解決的問題，首先想到的是我。」

帶著好奇，我問貝貝：「你是怎麼理解存在感的呢？」

喝了一大口奶茶，貝貝看著我說：「表面上的存在感，就是讓別人感覺到你的存在，深層的就是讓別人意識到你的存在，哪怕你不在他們旁邊，別人也知道你的存在，但說到底，兩種存在感的獲取方式都是自己掙來的。」

然後，她開始細說起來。最簡單的存在感就是讓別人知道你的存在。就像很多人出去談生意，為了見老總一面等好久，聰明人會知道製造巧合，去老總經常去的地方假裝遇到，然後推銷自己，或者找個熟人組個局相互認識一下，讓那些大咖知道你的存在。印象好的話，以後合作什麼的都能來找你。這是表面一點的存在感。

深層一點的就是，你得讓別人需要你，得讓自己成為核心，成為不可或缺的一個。自己必須得有特長傍身，讓別人都需要你，到了無法忽視你的程度。比如她在公司的修圖技術算是最棒的，宣傳圖片等都需要她動手，同事也都服她。

你得記住存在感這種東西只能是自己給自己的，千萬依附別人不得，你得讓別人需要你，得讓自己強大起來，唯自己有才最踏實。

我們都在強調要體面優雅地活著，都想要別人看到你的存在，尊重你的想法，為別人對你的忽視暗暗難過，這是很正常的反應。

即便幼稚園的老師也會偏心，你端端正正地坐好，還時刻保持著微笑，希望見到老師的時候，老師能誇你一句「好棒」，可是並沒有。你會發現老師對隔壁桌的同學更好，會對他笑得很溫暖，會給他大紅花。

等到後來，你會發現，原來老師衝他微笑的那個同學的媽媽是老師同學，當班長的那個是因為他爸爸有一定的權勢，當學習委員的那個是家裡人提前跟老師打了招呼的。

知道全部真相的時候，你會難過得想趴在桌子上大哭一場，下課後還不是照常拉著小朋友的手愉快地玩耍嗎？

這種被忽視的存在感，是我們從小都在經歷的。稍大一點兒你就知道，想要別人注意到你，你得做出引人注目的事：成績嗖嗖地進步，老師會誇你；考了第一名，老師會表揚你；極端點的，當個吊車尾的也會引起老師的注意。

對我們很多人來說，被忽視，或者覺得沒有存在感，是早就應該熟悉的感受。比如，你工作會被老闆、同事忽視，你出去談項目會被別人看不起，你和別人說話會被當作透明的。這些沒有存在感的狀態，你早該習慣，這一切相比於幼稚園的遭遇，都只是換了個場景而已，本質沒有變，你又何必為這些難過，覺得不被重視呢？

雖然很沮喪，但我們必須承認，沒有存在感真的是一件很正常的事，你不必難過得尋死覓活。

從小到大，我都不算是特別受矚目特別受老師歡迎的學生。成績平平，不喜歡附和討好老師，平淡得很。我埋怨過老師偏心，也曾急著想要別人記住我，最後才發現存在感終究得自己為自己掙的。

念大學的時候，從來不願去辦公室和老師套交情的我，站在輔導員面前，她都不知道我是她班上的學生。班級評優評先進，都是班長、學習委員全部輪完再到我。有一次民主投票，好不容易爭取了一個名額，卻被輔導員以班長貢獻大為由，直接把我擠掉，換成班長的名字。

我也曾怪過她，不止一次覺得她偏心，等到我做出點小成就，她知道我還滿不錯後，好幾次找我去辦公室談些無聊的話題，還把自己的優酪乳、果汁都往我手裡塞，說要給我喝。臨近畢業那會兒，我本不抱任何希望評先進，她卻在有名額之後第一時間給我打電話問我有沒有意願，有的話推薦我。作為班上掛職班幹部，本來每次開學需要我做什麼，都是她讓班長轉告我，這次突然顯得我這個原來可有可無的人很重要，為著一件本不該上心的事親自跟我打電話。

在她偏心別人時，我覺得她真可惡，可等到她偏心我時，我打心底覺得她滿不錯的。看吧，其實我們每個人都是主觀動物，對一個人的態度也是隨時可以變化的。她之前覺得我太普通，對我的態度也普通，而在發現我還不錯之後，竟也對我開始好起來，我在她心中的存在感嗖嗖地上升。

說這麼多，只想實實在在說一句：你在別人心中的地位以及你的存在感都是由你自身附帶的東西決定的，包括你的能力、背景，甚至是你的長相。不要把別人的偏心歸結於別人對你有偏見，你得相信一切都有原因，你是可以改變別人對你的看法的。

朋友曾經對我說過一句話：你的實力決定別人對你的態度。雖然不見得有那麼絕對，但每個人心中都有天秤，很多人都是估量你當下價值之後來決定對你的態度。說到底，所謂的存在感，終究是你自己給自己的。

沒多少人會記得你曾出過醜

有一個姊姊找我聊天，開口第一句話：「長長，我被人黑了。」幾乎在收到訊息的第一秒，我就給她回了：「怎麼了？」

她說：「前幾天，我拉你進的一個群組，你進了吧？我被群主踢了，然後他們在裡面罵我，你進去看一下就知道了。」

那個群組我進了，但是我特別討厭群組訊息轟炸式的提醒，我把所有的群組都給隱藏了。偶爾有空了，我才會點開幾個比較重要的群組看一下訊息。絕大多數情況下，我是不會即時看到群組訊息的。

在聽完姊姊的話之後，我點開那個群組，往上翻看他們聊天的主要內容，也看到了他們議論姊姊的內容。那些聊天內容，看了挺讓人生氣的，把姊姊的個人隱私放在群組裡來說，真的挺沒素質的。

事情發生了，姊姊被人背後議論，心裡挺不開心、挺沮喪的。姊姊一直跟我說：「群組裡有兩三百個圈內人，大家要是都相信了群主的話，以後大家都會覺得我不好，那我在這條路上得多難發展啊，以後肯定再也沒有人願意跟我合作了。」

為了安慰姊姊，我說：「雖然群裡有兩三個人議論你，但大多數肯定都是像我這樣把群組訊息隱藏了，若不是你提醒我去看，我壓根都不知道發生了什麼事。而且跟你關係好的朋友都知道你的為人，所以根本影響不了你什麼。哪怕有一部分人看了聊天記錄，大家看了估計也就忘了，沒有多少人會記得這件事的。」

姊姊可能是信了我的話，也安慰自己說：「沒有多少人會記得我曾出過的醜，過幾天就忘了，我要淡定，淡定。」

我說：「是的，你別太難過了。」

我們都很忙，沒有多少人會真正關心你，更沒有多少人會記得你曾經出過什麼醜，大多數時候，只是我們庸人自擾罷了。

有一件事，我記得特別清楚。

上小學的時候，我是學校播音站的一員，每週有固定的一天，我會和幾個同學一起，拿著提前寫好的稿子，有模有樣地朗讀。

有一次，因為前一天晚上看電視睡晚了，第二天早上起晚了，我沒有事先過一遍稿子。第二天，我就結結巴巴地把稿子讀了出來。那次播音結束後，負責廣播站的老師當著幾個同學的面批評了我，毫不留情地說：「你這讀的是什麼玩意兒，這麼結結巴巴的，難道事先沒有準備嗎？」當時，我還是個臉皮很薄的小女孩，被這麼一批評，臉就紅了，覺得羞愧難當。

回到教室，上的是語文課，特別巧的是，這是一堂作文課。老師讓我們以「我很難過的一件事」為題寫一篇作文。我當時的情緒剛好跟這個題目吻合，我就把剛發生還沒超過半個小時的事寫進了作文裡。

我動情地把老師對我的批評，以及我的難過和悔恨，還有各種情緒都寫出來了，洋洋灑灑……當我把自己這篇「懺悔文」遞給老師的時候，我心裡渴望的是求安慰求開導。老師看完之後，對我說：「嗯，這篇作文寫得不錯。」順手就把作文本遞給了我。

在他把作文本遞給我的那一刻，我認認真真地盯著他的眼睛看，他的眼裡沒有一絲鼓勵，甚至沒有一絲表情。我有點失望，對於那時的我來說，被老師批評幾句至少能讓我鬱悶一整天。我在文章裡聲嘶力竭地表達我的難過和後悔，不僅僅是想要老師面無表情地說一句「作文寫得不錯」，我想要的是他更深層的情感回饋，我希望他看到我這種渴望之後，能及時安慰我幾句。

可是，什麼都沒有。從那時開始，我就明白了，我的痛苦對於別人來說是完全無法感同身受的，甚至在我眼中覺得特別出醜的事，在旁人眼中只是一件很普通的事。我把我的情緒寫出來給人看都得不到一句關心，更何況生活中隨隨便便一件關於我的不大的事，能有多少人真正在意呢？

還有一件事，是學生時代的我們經常遇到的。

每次，老師在課堂上點你起來回答問題，倘若你沒回答上來，或者給了一個特別蠢的答案，下課後，你會特別介懷地跟同學說：「好丟人啊，那麼簡單的一個問題我都回答不出來，大家肯定都會覺得我特別笨。」

在我上大學之後，我的同桌還會為沒回答出來老師的問題耿耿於懷，覺得在大家面前丟人了，甚至還會一直問我：「我剛剛是不是很丟人啊？」

小時候，我會認真對困惑的同學說：「沒事的，不就一個問題沒回答出來嗎！」長大了，我的思想成熟了，我會乾脆對當事人說：「大家有對你哄堂大笑嗎？我怎麼不記得了。」這樣的說法，對他們很奏效。

有一次，有個朋友在聽我用這樣的回覆來「安慰」那些計較自己出醜這件事的人之後，跟我說：「你這個方法太聰明了，假裝不知道，是安慰一個人的良藥。」然而，我很認真地告訴她：「我真的不記得他剛剛出過什麼醜了。」

我一直專心忙自己的事，根本沒有精力去關注別人身上發生了什麼。其實很多人也是這樣的，即便當時笑話出醜的人，笑後也就都忘了。說到底，生活中根本沒那麼多人是你的觀眾，大家更在意的永遠是自己。

你覺得自己出醜是一件大事，是你對這個世界的美麗誤會，那是你太過關注自己了，然後誤以為全世界的人也都和你一樣關注你。

幾年前，我在一本雜誌上，看過一句話，至今還一直記著：一件事哪怕再大，發生在別人身上永遠只是故事，發生在自己身上才是事故。

換個角度去理解，哪怕一件再大的事發生在你身上，在旁人眼中永遠只是故事，也許當時會捧腹大笑，會覺得你很狼狽，但嘲笑過後，除了你自己，他們連這個故事的情節都不會記得。

後來，我碰到一位小學同學。聊天時，我提到了那天早上我被老師批評的事，他一點印象都沒有，反倒說：「那天早上，那個老師說我普通話不標準。」老師說他的這句話，在我腦海中也是一點印象都沒有。

我們的記憶永遠是有選擇性的，我們只記住自己想記住的。你不要總覺得被世界拋棄了，世界根本沒空搭理你。

我觀察過很多人丟臉時的表情：上課回答不了問題的第一反應是用眼神偷偷看周圍同學有沒有異樣的眼光；被老闆批評時會掃視一下同事的表情，甚至會在心裡暗暗記住有哪些人露出一副幸災樂禍的表情；一不小心跌倒了，首先是看周圍人有沒有注意到自己，而不是自己的胳膊有沒有摔疼。

在觀察過很多人丟臉時刻的表情後，我得出了一個結論：在意識到丟人的第一瞬間，我們在意別人的眼光，超過在意自己的感受。旁人的反應最多只是當場哄堂大笑，然後該幹啥幹啥，你可能卻因為別人不到一秒的關注，一直耿耿於懷很久。

很早之前，我就學會了厚臉皮這個技能。我關注自己的感受遠遠超過關注別人的看法，在我做一件自己想要做的事情之前，首先考慮我是不是真的願意去做這件事、這件事能不能給我帶來快樂，而不是我做了這件事會不會丟人。

哪怕我真的做了一件很丟人的事，被人嘲笑了，我依然能落落大方、厚臉皮地跟他們一起哈哈大笑。我不介意被人嘲笑，你笑我沒關係，我若覺得這件事做得不好，我會欣然接受你的笑，在跟你一起笑完後，這事也就翻篇了。我願意坦蕩蕩地接受你們各種打量的眼光，並第一時間直面我做過的蠢事，絕不留下後遺症。我知道，我正視它，面對它，是解決它的最好方式，我理解並且能接受不完美的自己。

這樣的話，我不用在以後的某一天回想曾經的某一刻，恨不得挖個地洞鑽進去，我也不用在遇到某個知道我做過蠢事的人時，時刻擔心對方說出我過去的不堪，更重要的是，我不用帶著過去做過蠢事、犯過錯的自己前行，我不僅已經接納了不完美的自己，而且原諒了會犯錯的自己。

練就厚臉皮，不需要什麼特殊的技巧，你只需要多關注自己內心的真實感受，願意原諒不那麼完美的自己，並且相信自己在每次深思熟慮後做的事情，無論好壞，是否被人嘲笑，永遠可以驕傲地昂首挺胸地去面對世界上的一切打量。

你要相信，沒有多少人會記得你曾經出過什麼醜，不必介懷，只要做好手頭的事情，一切不美好都會過去的。

徹底化解自卑，只有一個做法

有一次，我突然莫名其妙地對朋友說：「他喜歡我，至少有一半是喜歡我身上的附加值，這個發現讓我有點難過。」

朋友抬起頭，白了我一眼：「廢話，誰會喜歡一個完全沒有價值的人啊，喜歡一個人，欣賞一個人，肯定是被一個人身上的某種價值吸引到了。」

聽完她說的，我反倒更加不安：「我很害怕，如果有一天，我不再優秀，沒他想像中的那麼有價值，那麼他就不會欣賞我，不會喜歡我了。」

朋友說：「你都這麼優秀了，為什麼還會自卑啊？」

我仔細回顧走過的路，哪怕我越來越優秀，被越來越多的人喜歡，但還是會患得患失，會擔心有一天我不能再寫打動人心的文字，就不再被別人喜歡了；害怕有一天我變得糟糕了，我喜歡的男孩就離我而去了。

也許，優秀和自卑並不矛盾，並不是我們變得優秀，我們就不會自卑了。換句話說，優秀並不是治癒自卑最有效的辦法，再優秀再厲害的人也會自卑。

我細究自己自卑的根源，可能跟我的一段情感經歷有關。我喜歡過一個男孩，他讀書很聰明，是老師眼中的寵兒，總是一副很酷很不羈還有點傲的樣子。可能是戀父情結的緣故，我對這種性格的男生一點抵抗力都沒有。

我和他在一起的過程也還算順利，一點也不曲折。有一次，他不知在哪個女生那裡受了點傷，並感覺到了我喜歡他，於是問我：「你要不要跟我在一起？」他當時或許只是很隨口這麼一問，或許只是隨便找一份感情過渡現在的失戀狀態。但我當真了，因為他的這句話，我激動了好久。我沒有去細想他真心與否，就糊里糊塗地答應了。

結果並不太美好，他真的是把我當成情感過渡者。他給了我一個女友的身分，卻沒有告訴任何人。在跟我戀愛的時候，他還和別的女生曖昧不清，甚至正大光明地追求著別的女生。這些，我都是知道的，自卑就這樣在當時的我心中生根發芽了。我生長在一個家教嚴格的家庭，習慣了遇到什麼事情都先反省自己，思考著自己是不是哪裡做得不好。

所以，對於他的所作所為，我反思的結果就是：我長得不夠漂亮，不夠聰明，所以他才不喜歡我。於是，我開始努力，看很多書，要求自己早早懂得很多道理，只為變得聰明一點兒，希望被他喜歡。另外，我開始減肥塑型，想變得更好看點兒，還是希望被他喜歡。

所以，是他把我的自信打碎了，只剩下自卑，讓我覺得自己很糟糕，不值得被愛。我一直在心底裡告訴自己：「你要努力，努力變得更好更優秀，才值得被人喜歡。」

當一個人是自卑的時候，才會覺得以後那個更好更優秀的自己更值得被愛。

後來，如願以償，我變得越來越優秀了，取得的成績也是有目共睹，身邊有越來越多人稱讚我，自卑的感覺也越來越淡了，說話越來越有底氣了，可唯獨對「被愛」這件事，依舊心存原始的自卑感。

後來，我身邊有個很優秀的男生追求我，被我拒絕了。我和自己的一個朋友說了我的理由：他是因為我寫的文章打動了他而喜歡我、欣賞我的，如果我不會寫文章，或者我再也寫不出打動他的文字，他會不會就不再喜歡我了呢？我的朋友覺得我很不可理喻，她說：「會寫文章是你的優點，你的優點雖然只屬於你的一部分，但他喜歡你的優點，也就是喜歡你啊！」

我像個怪人一樣說著「不行」，並狡辯說：「他喜歡我的優點算什麼喜歡，他得喜歡我的缺點才是真的喜歡我。」其實我深知，只是因為我有「被愛恐懼症」。

日常生活中，見了太多為我搖旗吶喊的人，有工作夥伴，有親朋好友，還有那些喜歡我的男生，我也總是給自己打氣說「我要變得越來越好」。

從被推上人生跑道開始，我就只能不停歇地往前跑。我不敢停，我害怕一旦停下來不跑了，他們就不愛我了，我甚至都不敢喊累，即便心裡偶爾閃過一絲想放棄的念頭，馬上就覺得這是要不得的。

從小到大，從來沒有人對我說過類似「我愛的是你這個人」這樣的話。小時候，媽媽口中總裝著一個「別人家的孩子」，好像我不努力，或者學習不好，就不值得被誇獎，所以我想變得聰明討得爸媽的喜歡；後來，我談戀愛了，對方因為我很聰明、很有趣、很有文采喜歡我，戀愛的過程有過開心，但也不止一次伴隨著懷疑：如果我很笨、很無趣，脾氣很差勁，也不會寫文章，又不懂得努力，那些愛過我的人，還會喜歡我嗎？

過了很久，我才漸漸明白，我的自卑感源於我對「自己值不值得被愛」這件事的不確定，一直是「被愛恐懼症」在從中作祟，不斷地暗示我「只有你變得更優秀，才值得被愛」，然後讓我陷入「優秀↓自卑↓更優秀↓更自卑」的循環中。

武志紅老師說：「無論一個人看上去多麼的優秀，他們的自卑與惶恐和別人實質上都無兩樣。甚至，優秀本身就是惶恐的結果，他們惶恐自己不優秀就沒有人愛，所以才拚命把自己變得如此優秀。然而，這種逼出來的優秀，並不能讓一個人徹底化解自卑。徹底化解自卑，只有一個做法——自己相信自己是值得愛的。」

看到了這段話，我好像找到了救贖。原來努力沒錯，變得更優秀也沒錯，錯的只是我們不懂得愛自己，我們一直習慣性地對別人說「我愛你」，跟別人表白時講八百遍「我喜歡你」，卻忘了對自己說一句「我愛自己」，忘了認認真真地對自己說一次「我值得被人愛」。

我的自卑，在某次很沮喪、情緒極度低落、幾近抑鬱時，被我爸的一句話治癒過一次。他說：「爸爸只希望你能平安快樂健康地生活在這個世界上，哪怕你什麼都沒有，什麼都沒做成，我們依舊是這個世上最愛你的人。」也在那一刻，我才明白我是完整且毫無保留地被別人愛著的，我是一個值得被愛的人。

現在，每當我想自我否定時，我的潛意識總會一遍遍地告訴自己「我是值得被愛的人」。

解開自卑的鑰匙，從來不在別人身上，也不在外面世界的某個角落裡。別人不可能根治你的自卑，除了你自己。

世上沒有一個完全不被愛過的自己，哪怕你沒有被好好地愛過，好好地對待過，也並不代表你不值得被愛。

你要相信，你就是最值得被愛的人，這是徹底化解自卑的唯一做法。

努力改變，是為了取悅自己

好朋友嘟嘟最近正在減肥，每天跑五公里，順便在「朋友圈」打卡，已經堅持十幾天了。她說要堅持一百天，然後再去跟喜歡的男孩子表白。

嘟嘟之前喜歡過一個男生，面對他的時候，她有些自卑，覺得自己長得不夠好看，身材不夠完美，終於因為真的喜歡，最後鼓足了勇氣，試探性地向他表明了自己的心意，但被男生很委婉地拒絕了。

嘟嘟挺不甘心的，她覺得是因為自己不夠漂亮不夠好看，才不被喜歡的。她決定給自己來一次魔鬼式的訓練。她想改變自己，把自己變得更好更漂亮，然後再向男生表白。於是，就有了現在這個鬥志激昂的她。

她跟我說：「我就是為了我喜歡的男生在努力，他喜歡長得漂亮的女生，所以我要努力把自己變得好看；他喜歡學識淵博的女生，所以我每天看書、看電影來提高品味；他喜歡聰明情商高的女生，所以我就要研究提高情商變聰明的辦法。我努

#變好，是為了取悅自己

力改變自己，把自己變得更好，就是為了他，為了讓他欣賞我喜歡我。」

在聽完她的話之後，我總覺得有點不舒服。其實，一個人努力改變自己，讓自己變得更好，本是一件值得慶祝開心的事，但我始終覺得，你讀書、你健身、你學習各項技能、你研究穿衣打扮想讓自己變得更漂亮，都只是為了讓自己變得更加美好，更有價值，是為了取悅自己，而不是為了別人。

過去，我也曾做過這種為了引起一個男生的注意而努力讓自己變得越來越好的事，當時並不知道他會喜歡什麼樣的女生，我自己只是想當然地覺著那些長得漂亮特別有氣質的姑娘肯定是值得被人愛的，所以我努力學習努力生活，都是為了他。

為了變瘦，有很長一段時間，我不吃晚飯，就吃些水果，每天繞著操場一圈圈地跑。說實話，跑步真的挺累的，四百公尺的操場最多跑三圈就腿軟想休息，剩下的幾圈完全憑藉著意志，靠著「跑完了我就可以變瘦變好看被他喜歡」這種念頭堅持下來的。

為了讓自己言談舉止變得有氣質，在上課的時候，為了不駝背，我會有意識地讓自己端正坐姿，腰板繃得特別直；坐椅子的時候，只坐三分之一，還有意識地把手和腿都擺到合適的位置；平時跟人說話打招呼時的微笑，對著鏡子練習好多次，然後選定嘴角弧度最美的那種微笑。

為了讓自己看起來聰明伶俐，為了保證聊天時他拋過來的梗我能接得住，並且讓他覺得跟我聊天是一件很有趣很享受的事，我努力看了很多書，文學的、藝術的以及提高情商一類的書，我都看過，我做的所有這一切就是為了讓自己成為一個在他眼中看起來有趣有意思的女生。

當時，在我心裡，他已經被抬到了很高的位置，甚至一度成為我的精神支柱。一想到他，我就幹勁滿滿，而我努力所做的每一件事，都是為了讓他看到，希望他欣賞我，喜歡我。

當我堅持不下去的時候，我永遠把「只要我變得更好，他就會喜歡我」這樣的話掛在嘴邊。

結果，挺不如人意的。當進階版本的我走到他面前時，他的視線依舊沒在我身上多停留一秒，在我變得越來越有意思，身邊朋友都覺得我是一個很有趣，相處起來很舒服，很討人喜歡的女生時，他還是拒絕了我。

被他拒絕的當天晚上，我趴在床上哭了很久。哭累了，我還對閨密說：「我這麼努力變得這麼好，就是為了他，可他壓根不喜歡我，那我所做的一切又是為了什麼？」我感覺自己從頭到尾瞎忙活了一場。

閨密是一個特別聰明的女生，在聽了我的話之後，她很堅定地說：「你努力變得這麼好這麼優秀，不是為了取悅他，也不是為了任何人，只是單純地為了自己。當你變得越來越漂亮，看著鏡子裡那個穿衣服很好看的自己時，你是開心的；當你舉止談吐落落大方，被人稱讚時，你心裡是快樂的；當你努力取得成績被人誇讚聰明時，當你被身邊越來越多異性欣賞時，你是自信且驕傲的。而這所有的積極情緒，都是你自己努力掙來的，是你努力改變自己的終極意義，而不是為了他。」

在聽她說完這番話之後，我也好好打量了一番現在的自己，雖然剛被拒絕挺沮喪的，但現在的狀態是自己喜歡的。我變得越來越好，身邊欣賞我的人越來越多，倘若真的要把他從我身邊抽走，頂多大哭一場，哭完之後，我照樣能生活得很好。

是的，我們要自己給自己製造快樂，自己治癒難過，這才是努力提升自己的終極目的——為了人格的獨立且更加快樂。

有個讀者曾留言跟我說，她喜歡一個男生，為了那個男生，她變得越來越好，但後來發現該男生跟自己想像中的不一樣，她發現該男生不適合自己，但又不敢放棄喜歡這個男生，害怕就此失去了努力的動力，變得懈怠。

當時，我回覆她：「你努力改變自己，提升自己，只是為了取悅自己。」

因為喜歡他，你努力地想把自己變得更好，希望被他欣賞和喜歡，而這一切，也只是因為他的喜歡能讓你開心，他跟你在一起能帶給你快樂和幸福的感覺，歸根到底，你做的一切也只是為了取悅自己。

一直以來，我不太支持為取悅別人而進行努力，再積極向上和正面的努力也不好，因為，為了喜歡的人讓自己努力變得更好，倘若被拒絕了，你就會難過，會失望，就可能一蹶不振。你將自己的生活重心全壓在他們身上，一旦被抽空，就會墮回以前的狀態。我們把自己的喜怒哀樂交由別人掌控，總歸是不好的。

為了取悅自己，我們的努力就不一樣了。我們所做的一切都只是為了我們自己。在我們獨立自由搖曳生姿的同時，還能讓自己變得更自信更有價值。

亦舒的《美麗新世界》裡有這麼一句話：人生短短數十載，最緊要是滿足自己，不是討好他人。所以，不論做什麼，記得為自己而做，那就毫無怨言，這個世上最需要你照顧情緒的，其實是你自己，你努力、你好好生活、你變得更好，也只是為了悅己。

在很長一段時間，我的個性簽名都是亦舒的那句：自愛沉穩而後愛人。當你想要愛人，想要被愛的時候，請一定要記得，前提是自己愛自己，自己取悅自己。與你們共勉。

哭著還能吃飯的人，是能夠走下去的

這個想法，是我在一次吃飯的時候想到的。

大學快畢業的時候，我有個室友情緒不好，跟她的男友在鬧彆扭。他們隔著幾千公里，在電話裡大吵著，冷戰著……她心裡挺難受的，已經好幾天沒有好好吃飯了。她挺想他的，心裡像被一塊石頭壓著，對一切食物或者事物都沒有胃口和興趣。

我見她為伊消得人憔悴的樣子，於心不忍，一直勸她跟我們一起出去吃飯。當時，我在宿舍問大家：「你們難過的時候，都吃不下去東西嗎，我為什麼越難過越要吃很多很多東西？」

有個室友笑我說：「你跟別人的構造不一樣，平時沒事的時候，餓一頓飽一頓也不覺得，一旦遇到事快崩潰了你就一定要出去大吃大喝，你不會因為心裡難過不想吃飯不想生活，一心只想快點解決問題。」

當我遇到很嚴重很難過的事時，有那麼一瞬間，幾乎明顯感覺到自己的心在不斷地下墜，我會特別焦急地難過著，甚至會難過地哭很久，感覺全身被抽空。哭到最後，好像傷心難過完了，也不想再哭了，我就只覺得肚子特別餓，會想吃很多平時不敢吃的高能量東西。當我不去考慮卡路里時，吃到我一直想要吃的東西的那一刻，我內心是幸福和滿足的。至少在那一刻，我心裡的那塊石頭是短暫地落下的，會短暫地舒心片刻，我會慶幸生活真好，生活並沒有拋棄我。餓不死，我就能繼續頑強地生活下去。

有時候，食物給人的不僅僅是飽腹感，更多的是一種安慰，生活用填飽胃的方式告訴我們，眼下再大的難關都不算事，哭著吃完飯的人，是能走下去的。

大學實習的時候，我是在報社。我當時的主要工作就是跟著報社的老師們出去採訪。

深冬十二月，淩晨五點半，室友們都還在熟睡。每當鬧鐘響起時，怕吵醒她們，我都會第一時間關掉鬧鈴聲。我特別睏，不想起床卻又不敢繼續睡，只能半清醒半偷懶地眯著眼在內心裡掙扎。每次我勸服自己起來的唯一理由就是吃。我會在內心自言自語：「等會兒帶你去吃一碗熱乎乎的餛飩，溫暖的湯多好啊；等會兒去吃那家要排很久隊的包子，要吃紫薯餡的，還有熱呼呼的豆漿；等會兒去吃豆皮和豆花，不管體重了，要加好多好多糖的那種……」

哪怕有時特別趕，由不得我特意去吃一頓早餐，在行色匆匆的上班大潮中，我也要在路邊攤停留幾分鐘，把手從熱呼呼的口袋裡拿出來，指著吃的說，我要這個，有時拿起一根玉米，有時買幾個饅頭，有時買個雞蛋捲餅。

回顧那段艱難的早起時光，我記得的只是每天都不一樣的早餐，很好吃。完成每天五點半早起，熬過那段艱難時光，讓我繼續走下去的動力就是每天的早餐。

有時，我也會想：「為什麼我的實習經歷這麼辛苦，每天室友還沒起床，我就要出去跑採訪，真苦啊。」

那時，我抱怨過生活，也想自暴自棄不幹了，但每次的怨念在吃到想吃的食物的那一刻，就都消散了。

在食物面前，我是一個特別容易滿足的人，總覺得吃飽了就又有力氣好好生活了。為了接下來更好的生活，哪怕再難再累，我也要好好吃飯，好好照顧自己。為了讓自己對每天的生活抱有更多的期望，前一天晚上，我都會做好攻略，查清楚第二天要去採訪的地方周圍有什麼好吃的，然後抱著去吃美食的心態，堅持忍耐難熬的早起和路上的顛簸。

我認識一個女生，差不多快活成了無欲無求的模樣，除了男朋友，生活裡的任何東西都引不起她的興趣。有一次，我們一起出去玩，另一個女生對她說：「你不能這個樣子，除了他之外，你得有自己的生活和興趣，你以後若是難過了，也得有自己發洩的方式，比如我難過的時候吃一頓好的就可以緩解了，你得與這個世界建立一些物質的聯繫，而不能全依靠在一個男生身上。」

除了滿足胃之外，吃對我們而言還應該有別的意義。我一直覺得世上最懂生活最快樂的人就是會吃能吃的人，比如著名的美食作家蔡瀾，能把吃寫得很好的人，也應該是很注重生活且活得很快樂的。

工作結束後，我坐上地鐵到了光谷，還得換一次公車才能到學校，突然覺得累了，走不動了，需要吃點東西才有力量，於是轉身走進美食街，哪怕只有我一個人，也會特別不吝嗇地給自己買好吃的。本來，一天下來整個人已經累得很喪氣了，甚至還有挺多的委屈，但是吃完這頓飯，突然就覺得生活還是很美好的。

每次，當我回去很開心地跟室友說我一個人出去吃了什麼，他們會特別吃驚地說：「你是個怪人，我要是你，一個人路過光谷，我是不會考慮下車的，再餓也要忍著回來和大家一起吃飯。」可我不是這麼想的，哪怕沒有人陪伴，只要我想吃什麼，我都能一個人去吃，並且不覺得一個人吃飯會有多麼孤單。

很多人都會覺得，一個人吃飯是特別孤獨的，會讓自己在結隊的人群中顯得格格不入，會覺得尷尬。其實還好，因為這世上從來沒有人會一直陪你一輩子，大家有空了，在一起聚餐吃飯，大家都忙了，我就自己去吃，吃到稱心食物時的快樂並不會減少。

吃飯並不一定需要人陪伴，就像我們的難過和孤獨，很多時候別人不會懂。為了自己的生活，你得學會對自己好，從最細微的生活開始，不要因為別人的態度，或者是否有人陪同，來決定要不要對自己好一點兒。

之前，我看過一張孤獨係數表，最高級的孤獨是一個人吃火鍋。當時我跟朋友說，一個人吃火鍋這件事我做過，朋友不相信。

在跟前任分手前，我們一直吵架，有一次在大街上，不知道因為什麼，我們又吵起來了，他覺得我不可理喻，我覺得他總是管我這，管我那，好煩人。他直接轉身走了，我沒有上前留住他，也轉身了。

當時剛好到了吃飯時間，突然覺得好餓，心裡想著今天打扮得這麼好看，哪怕再難過也不能委屈了自己，我要去吃好吃的。一邊這麼想著，一邊轉彎走進了一家火鍋店。周圍都是成群結隊來吃飯的，只有我一個人自得自樂地吃著。這樣也好，我不用遷就別人的胃口，只吃自己喜歡吃的。當時，辣得我眼淚都出來了，抹掉眼淚，繼續吃，心裡一遍遍地安慰自己：「哪怕一個人也要愛自己，對自己好一點兒。」

那一頓飯，我吃得特別盡興，算是真正專注地去吃東西。後來，男朋友找到我時，發現我頭髮紮了起來，袖子擼了起來，正在開心地吃著東西，哭笑不得地對我說：「給你發訊息不回，打電話不接，以為你生氣了，四處找你，你竟然在火鍋店吃東西，你這人神經可真大條。」

坦白說，剛開始我的確很難過，但吃到一半時，我的委屈難過已經少了很多，心情順暢了很多。我不想再提之前那件事，也懶得去計較我和他誰對誰錯，假裝沒事人一樣招呼他說：「來來來，坐下來一起吃。」

我沒空去思考愛情，沒空去思考一個人吃飯會不會丟臉，沒空去想著以後的人生該怎麼辦，我就單純地想著：「在解決好這一切之前，我要照顧好自己，不讓自己挨餓，也不能一直哭。」

我有一個朋友，因為失戀，難過了半個月，沒好好吃飯，暴瘦了差不多六公斤，讓我羡慕得不得了。我開玩笑說：「我失戀了，哪怕心裡再難過，當天也能像個沒事人一樣吃喝玩樂，我這種人哭著也是要吃完飯的。」朋友笑我說：「你越難過，越驍勇。」

因為感情上的事，我曾一直拉著朋友出去大吃大喝，一邊喝著啤酒，一邊一遍遍痛斥男朋友的罪行。後來，攢夠了失望，也覺得這段感情該及時「止損」了，我在心裡和他認認真真地揮手告別。

事隔不久，朋友難過地拉我出去陪她吃飯，她一大杯一大杯灌著啤酒，讓我陪她喝。我輕輕抿了一口，用有點嫌棄的口吻說：「這酒真難喝，完全無法下嚥，菜也沒多大胃口吃。」

有段時間，我特別喜歡很晚去餐廳買吃的。學校的餐廳一般晚上八點鐘關門，我總是拖拖拉拉七點四十才去，我最喜歡吃的是一家攤子煮的百頁海帶煲，用速食麵煮的，清淡但特別溫暖，因為是用小鍋煮的，吃起來有一種媽媽給我做的飯的感覺。

這還不是關鍵，因為每次去餐廳時特別晚，總能看到餐廳阿姨們生活的另一面，不同於白天，這時才是她們真正生活的樣子。她們或是上小學孩子的媽媽，或是某個做飯大叔的妻子……特別是我看著他們一家人圍在一個桌子上吃飯，端著飯碗聊著天，對於我這種在外打拚的人來說，這畫面挺讓我羨慕的。

每次七點四十去吃飯時，我常去的那家人都圍在餐廳裡面一起吃飯聊家常，然後女主人會招呼，問我今天想吃什麼。我心裡很清楚，我總愛去她家吃飯，除了因為她家的東西好吃，還在於他們一家人在外打拚哪怕很辛苦卻依舊很溫馨的感覺，我被那種幸福感打動了。我很喜歡他們一家，看到他們總讓我想起我的家人，我也很想和我爸爸媽媽一起圍在桌子上吃飯，聊著家常，有說有笑。他們勾起了我對家的想念。

我很認真地審視過他們的工作環境，覺得挺辛苦的，總是跟油煙打交道，總是做著周而復始的工作。只要他們圍在一起吃飯，臉上寫著的都是滿滿的幸福，沒有絲毫辛苦之情。

人生不易，當善待自己，哪怕白天再辛苦，哪怕工作環境再差，哪怕此刻再難過，也要給自己一點時間，好好吃一頓飯，開心地吃一頓飯。

別怕你的生活是一團糟

我的一個讀者留言給我，她說：「長長，我今年剛剛畢業，初入社會什麼都不太懂，手忙腳亂，做什麼錯什麼，被老闆罵時，第一反應是想哭，回到狹小的出租屋裡，覺得孤單沒朋友。大家都說，二十來歲是人生最美好的年紀，可是為什麼我的二十歲這麼糟糕，我真的很難過。」

收到這條留言的半個小時前，我剛大哭了一場。

睡了一個午覺，在空無一人的房間裡醒來，沒來由地滿心失落，不知道是孤獨還是焦慮還是起床氣，反正各種情緒全湧上了心頭，空寂且淒涼。坐在床上的我，仔細思考了一下我的生活，還是覺得好難過好委屈，直接坐在床上號啕大哭。

大概持續了半個多小時吧，我才慢慢從這種情緒中抽離出來。眼淚全在臉上乾著，讓皮膚緊得有點疼。我從床上爬起來，洗了把臉，對著鏡子，擠了一個笑臉，回到電腦前，開始投入工作。當時，我的想法很簡單，我已經浪費了半個小時去鬧情緒，但工作任務和計畫都在那裡放著，哭不能幫我解決任何問題，反倒會耽誤事，哪怕再難過，也得把情緒收著，也得等到把工作完成了，再抽出三天三夜讓情緒發洩個夠。

等稍微平靜下來，我好好反思了一下我這次情緒崩潰，可能真的是壓抑太久了。在家人面前要做懂事聽話讓人放心的大人，在朋友面前又得處處照顧他們的情緒，在工作上又得靠譜、認真勤懇。我帶著不同的面具，跟身邊不同類型的人打交道，去試著體諒和理解他們每一個人，可我也才只是一個二十來歲的女生。

社會教我早早長大，要學著做個大人，學著成熟地思考問題，學著照顧別人的情緒，學著做一個聰明且讓人相處起來不累的人。而等我回頭看時才發現，我身邊竟連一個可以傾訴的人、真正懂我的好朋友都沒有。

同齡的朋友，都不懂我的壓抑，因為他們覺得我現在已經這麼棒了，沒有什麼好擔心的。年齡稍長的朋友更不會懂我，他們只會風輕雲淡地說一句：「就這件事啊？很正常呀！」我還得被他們在心裡擠兌一百遍：「這女孩真是玻璃心不能扛啊」。父母，我不能說他們不懂我，恐怕還不等我開口，他們就會說：「那你聽我們的安排，做我們想讓你做的工作，肯定沒這麼辛苦。」

很多時候，我只能默默靠自己去稀釋每一次煩惱，耐著性子一件事一件事地去解決。

#要變得更強大，強大到沒人能輕易傷害你

哪怕我再有能力，哪怕我再有辦法把自己安頓好，我終究只是一個二十幾歲的女生。二十來歲的生活，本來就是一團糟，誰也逃不掉。

二十幾歲，最大的煩惱就是工作。

一個朋友說，她又辭職了，這已經是她還不算完全畢業前的第三次辭職了，而她這三次辭職的原因分別是：被主管罵，不幹了；做銷售，不幹了；做一名普通的文員，工作起來太枯燥太無聊，不幹了。

她跟我說，她想回家了，打算回去考個教師編制，然後穩定下來。因為我家裡人都是教育行業的，我也算是懂這裡邊的情況吧。我說：「考編制的話，前幾年薪水比較低，以你的消費水準幾乎都不夠養活自己的，而且還有可能要在很偏遠、環境很差的地方待幾年，最重要的是，如果你考上了，你差不多一輩子就只能在這個行業了。」

聽了我的話，她有點被嚇到，然後急忙問我：「那我該怎麼辦啊？我要怎麼樣才能養活自己啊？現在還向父母伸手要錢，覺得好丟臉，可又實在找不到合適的工作。我真羨慕你，你應該不擔心找工作吧？」

我說：「我也在找工作啊，而且還在糾結去哪個地方。」

沒有人的二十幾歲是不迷茫、不焦慮的，沒找工作的擔心養不活自己，找了工

作的也會遇到工作上的煩惱。

我的一個室友做銷售，作為一個還差兩個月才畢業的應屆大學生，在一個中部城市拿著每個月八千多元的薪水，在大多數同齡人眼中算是很不錯的了。旁人羨慕她薪水高，殊不知她每天活得很焦慮，每天都在跟客戶談合作，每時每刻都在思考著怎麼拿到訂單，每個月的月初都在焦慮要是這個月簽不了單怎麼辦，每個月的月末任務完成了才可以稍微鬆一口氣，沒完成時會更焦慮。

我的這位室友不止一次跟我說過段時間就辭職，卻又在第N＋1次選擇繼續工作，也有跟同事處不好的時候，也有被老闆、客戶罵的時候，但她還是都忍了，為了工作，為了錢，為了此刻活著，為了以後更好地生活。

二十幾歲的時候，你可能真的是一無所有，沒有錢，沒有工作，也沒有愛人，只剩大把孤獨的時光，留給自己一人默默挨過去。就像開頭那個讀者的留言，有時候你會覺得孤獨，沒有親人，沒有愛人，甚至連一個知冷知熱的朋友都沒有，那種孤獨感簡直吞噬人。

有時候，你想找個人說話，在通訊錄裡從頭翻到尾，竟然找不到一個可以打電話的人。其實並不是你沒有朋友，只是有些話跟好朋友說，還得給對方解釋來龍去脈，而知道來龍去脈的人又不能打電話訴說，所以就一個人默默地把煩惱全放自己心裡了。

有時，你想出去看個電影，約不到人，你會有一種身邊的朋友怎麼都這麼忙就你一人這麼閒的感覺。有時，你穿一條拉鍊在背後的裙子，連找個幫忙拉一下的人都沒有，於是索性再也不買那種帶拉鍊的裙子。有時，你會想隨便找個人一起搭伙過日子，找個飯友也是不錯的，你會不斷地告訴自己不要那麼挑剔了，下一次遇到合適的就試試看，結果還是一直沒有遇到那個對的人。

你生病了，沒人給你弄好藥，直接張口就可以喝。如果運氣不好，又恰逢是一個工作日，你還得抱病上班，老闆才不管你身體舒不舒服，方案沒做出來，資料搞錯了，任務沒完成，照樣給你來一頓批評。也許你會委屈，會難過，會在心裡想著「我生病了啊」，但是很抱歉，你都得忍著，因為你的老闆不聽藉口也不關心過程，而是只要結果。

下班後，你窩在狹小的房間裡，因為沒有朋友，週末也只得待在家裡，看影視劇，或者睡覺。有時點個外賣，有兩樣菜都想吃，準備跟人拼一下，發現原來並沒有人可以跟你拼，只好默默點適合一人吃的。

這種孤獨，讓你心累，讓你想號啕大哭，畢竟你之前習慣了宿舍生活，習慣了呼朋喚友，習慣了幾個姑娘嘰嘰喳喳地出去吃飯，去逛街，去看電影……這種前後落差會大到讓你不適應。

二十幾歲的時候，你沒錢。

在你欲望最強，在你想要的東西最多最貴的年紀，沒錢真的好讓你為難。商店櫥窗裡的衣服很好看，摸了摸自己的口袋，趕緊轉身離開，似乎多看一眼就是罪過；想租離公司近一點的房子，那樣就可以少擠一個小時的地鐵，看了一眼房租，還是吭哧吭哧地擠地鐵去了。

每個月的薪水就那麼多，扣掉保險，扣掉房租，扣掉吃飯和交通費用，就只能緊巴巴地活著了。二十幾歲的女生，誰不希望自己活得輕鬆點兒，可惜沒錢。

這個世界誘惑很多，我們沒錢且很窮地活著。偶爾薪水不夠用了，我們還得找父母支援一下，我們愧疚得要死，不僅不能好好孝順他們，還得要他們倒貼，真的是很讓人受挫。我們會覺得自己很沒用，譴責自己為什麼不能成為父母的驕傲。

我身邊有個朋友，一直沒找到工作，沒錢了又不好意思找父母開口要，便跑去一個餐館幫人打工。有次一起吃飯，聊到一半，她哭著說：「我覺得自己好狼狽，都快畢業了，還什麼都沒有，還像大一大二的學弟學妹們一樣，靠著父母。」我們一遍遍地安慰她，現在是最難熬的時候，過去了以後會好起來的，我們都會慢慢好起來的。

一個剛參加工作正處於試用階段的朋友說：「點個外賣還得看價錢，更多的時候就吃一桶桶的泡麵，吃得飽又便宜，生活真的好苦，在父母的庇護下生活了二十多年，與社會初次交手，才發現我什麼都不會，生活一團糟，還窮。」

快畢業的時候，朋友問我：「你不想畢業的原因是什麼？」

我說：「畢業了，就再也沒人陪我玩了。」

畢業了，就再也沒有宿舍了。我怕黑，不敢一個人睡覺。畢業了，就再也沒有同學了，沒人陪我看電影、逛街、吃飯；畢業了，就再也沒有一個名叫「老師」的大人會特意花上一個多小時陪我說話了，哪怕我心情再不好，聽老師講課在心裡也是感到安慰的，因為至少還有一個人願意在那說話給我聽。

畢業了，就再也沒有八百塊錢能住半年的宿舍了，再也沒有像學校餐廳一樣便宜的飯菜了，再也不能依仗學生這個身分跟家裡人伸手要錢了……

初入社會的我們，肯定是不習慣的，不搞砸幾個工作，不在深夜痛哭幾次，不挨幾次餓，不過一過掐著手指算計的生活，也真的不太正常。因為每個二十幾歲的年輕人，在生活中，肯定都要經歷那麼一段一團糟糕，甚至有點「剪不斷理還亂」的歲月，不習慣，犯錯，掙扎，迷茫，這些都是正常的反應。

生活最奇妙的地方，不是希望你能按照它的指定程式走，去犯錯，去吃苦，去感受痛苦，哪怕這就是一套程式中早就設計好的，但是它的本意並不是這樣的。最厲害的是，你要能從這些讓你栽過跟頭、吃過苦的地方爬起來，用更強大的力量改變這套程式，開始你自己的人生，而不是一直被生活牽著鼻子走。

換個角度想，倘若不是你在這裡摔了跟頭，你怎麼會發現這裡的漏洞，然後吸取教訓規避它。我們要做的就是去感受這場暴風雨，然後劫後重生，擁有逆風飛翔的能力，可能找出翅膀的過程痛苦了點，也真的很熬人，但是規避風險最有效的辦法不是逃避，不是躲，而是變得更強大，強大到沒人能輕易傷害你。

反正這一仗總是要打的，那就拿出勇敢不服輸的姿態，好好地迎接生活的一地雞毛，你會贏得很漂亮的。

始終一個人，有那麼可怕嗎

大學快畢業那時，我的一個朋友曾絮絮叨叨地講著自己在這個城市如何被照顧生活了四年。

她的舅舅一家都在這座城市，所以每週六她都會去一趟舅舅家，有什麼事都跟舅媽他們商量，需要什麼了由他們一手幫忙準備好，甚至偶爾生點小病需要去醫院，也要在舅媽的陪同下去。

末了，她話鋒一轉：「有時候，我覺得挺幸福的，被舅舅一家照顧到現在，加上上學期間總跟你們在一起，基本什麼都不用我操心，我也沒有一個人單獨地做過什麼事情，所以，過幾天的面試，你能陪我一起去嗎？我真的特別害怕一個人去做一件事，顯得特別孤零零的。」

我認真地抬頭打量了她一番，仔細回想起來，這個女孩四年來好像真的沒變多少，還如最初認識那般任性，想一齣是一齣，反正捅婁子了總有人來收爛攤，每次出去玩或者做什麼也都得有人陪著。

比如現在，我本來在圖書館，打算晚點回來隨便吃點什麼應付一下，她卻打電話很嚴肅地跟我說：「沒有人陪我吃飯，你快來陪我吧，不然我就不去吃飯了。」

當我正在想怎麼回應她時，她以為我在猶豫，大聲對我說：「我不管，反正我一個人是無法去面試的，你不陪我去我就害怕，我害怕了就面試不好，面試不好我就沒工作了，然後你就養我好了。」

我開玩笑說：「行，為了讓你以後少來煩我，無論如何也要把你送去工作。不過我可事先告訴你啊，以後不會有像我這樣事事依你的朋友了，也沒有人會一直陪著你去做一些事，你得學會習慣一個人，這次我可以陪你，下次你舅媽可以陪你，但總有一次你得一個人。」

我和她說，其實一個人去做一件事，也並沒有想像中那麼可怕。

她曾說，她是不可能一個人去醫院的，如果身體哪不舒服了，打電話跟她媽媽說一下，然後她媽媽馬上打電話跟她舅媽說，讓她舅媽帶她去。她覺得一個人去醫院是件特別孤單的事，她這輩子是絕對不會一個人去醫院的。

在她說完這些話後，我告訴她：「我前段時間去醫院體檢了，就是一個人去的。」

她瞪大眼睛看著我說：「你可以找我陪你去啊。」

我笑著說：「其實一個人去醫院，真的沒有那麼可怕。」

有一次，我參加一個開幕典禮，主辦方送了我一張挺貴的全身體檢券。因為體檢挺貴的，我不想浪費，加上我那段時間經常熬夜，時常覺得胸悶氣短，總覺得自己身體有毛病，便硬著頭皮一個人去了。

到了體檢中心，前臺護士一個勁跟我確認：「您是一個人來的嗎？」我點點頭說：「對呀。」也許在大多數人眼中，一個女生去醫院真的是得有家屬陪同的吧。

沒有想像中那麼孤單，也沒有那麼緊張害怕，我水到渠成地完成了這次醫院之旅。生病了就跟醫生溝通，想辦法該怎麼治就怎麼治，怎麼讓自己健康舒服，吃藥還是打針，這一整套看起來，是挺正常的一件事，就像你去超市買吃的，選中食物然後付錢，同樣是你一個人可以完成的事。

很多事並不是我們一個人不能完成，只是二十幾歲的我們，與社會接觸不久，一路都是被父母庇護著，還總把自己當成孩子，用弱勢需要被保護的孩子思維思考問題。很多事情，你是可以一個人完成的，並且也必須得一個人去做。

我也不是一下子長大變得獨立的。我本是一個凡事都想著依賴別人的女生，只是後來有次轉身回頭看，發現身後沒人能給我依靠了，要麼掉下去，要麼靠自己站起來。

有一件挺丟人的事，我之前沒跟任何人說過。因為這件事，我才徹底明白：有些路，我只能一個人走。

大一的時候，有次在回學校的火車上，恰好碰到和我正在談戀愛的男生，記得之前他說得明明白白是不回家的，所以我看到他時除了吃驚，更覺得難過，因為他正跟那個所謂很好的紅顏知己在一起開心地說笑，估計他也沒看到我。

當時我很自卑，哪怕心裡再難過，卻也沒有像電視劇裡那樣直接上去給他們一人一巴掌。我只是很孬地一點點躲開他，退到讓他看不到我的角落。

火車到站了，我害怕跟他們碰面，更害怕會跟他們一起乘地鐵。當時自卑得好像做錯事的是我，明明有問題的是他們，我卻不敢大大方方地出現在他們面前。

此外，我還做了一件特別蠢的事。為了避開他們，我改變了我之前固有的路線，當時的唯一想法就是不想再看到他們，我還安慰自己說，就當這是一場冒險，反正繞來繞去總會繞回去。悲劇的是，我迷路了。

我真的迷路了。十一月分的傍晚六點多，天色已經漸暗了，在我還不是特別熟悉這個城市的某個地方，我拖著行李箱，分不清東南西北，一個公車站都沒有看到。當時，畢竟才剛上大學，也不太懂什麼滴滴打車什麼的，也不會上網查路線或者原路返回，反正當時的我挺對得起「青澀」這兩個字的。

之前車上看到的那一幕就夠難過的了，加上又迷了路，心裡更加委屈。在我爸打電話問我到學校沒有時，我「哇」的一聲哭了，我說我迷路了，不知道在哪裡。我很明顯地感覺到，我爸在電話那端也挺急的，隔得那麼遠，他只能一遍遍安慰我說：「你別急，原路返回，或者你去找人問清楚路，讓你表哥開車來接你，如果沿路看到計程車，就坐車回去。」

我可能想有意抹掉這段記憶，實在記不太清當初我究竟是多麼狼狽多麼無助，只記得我是邊走邊哭，走了好久，看到了一輛公車，然後坐在車上跟司機師傅說，我要去人多的地方，哪站人最多我就在哪站下。

我都懶得往車後面走，直接坐在第一排，跟我好朋友打電話，我像個神經病一樣哭得稀哩花啦，車上本就不多的幾個人，都看著我。我才不管呢，用手一抹眼淚，繼續跟她講著那個喜歡別的女生的男朋友，還有我此刻的迷路。當時的我真的好無助，像抓住一根救命稻草似的向他傾訴著。

我不記得當時是怎麼回到學校的，反正回去的時候已經快十點了。室友問為什麼這麼晚才回來，我說在外面玩了會兒。畢竟，我坦白自己迷路了，真的是一件特別丟臉的事，尤其是在男朋友熱心送別的女生回學校，你卻迷路了，對比之下會顯得更丟人。

我好像就是在那天晚上一下子長大的。我清清楚楚明白，離家遠了，哪怕出了事，父母也不能幫你，所謂的愛情伴侶也有不靠譜的時候，朋友再好也不能隨叫隨到，這個時候所有事都得你一個人扛，沒有人能帶你走出生活的沼澤，只能你自己爬上來，不管有多難過多崩潰，也都只剩下你自己了。

在那之前，我也是一個喜歡呼朋喚友結伴出玩的人，沒人陪我也絕不一人吃飯，甚至去超市買個東西還得找個同伴一起。那晚的孤單無助感太明顯了，讓我害怕得不想再經歷第二遍，我變得極度沒有安全感，從那以後，我一直為保證不讓自己再陷入那樣的困境而努力，努力讓自己變得更加獨立起來。

現在，每做一件事之前，我都會消極保守地在腦海裡做好最壞的打算，然後一遍遍地想最壞情況發生時，我的對策應該怎樣，以及如何才能保證自己體面地全身而退。

我再也不能完全相信任何人。以前一遇到麻煩，我總會覺得如果誰誰在場就好了，但現在我開始慢慢習慣了靠自己，沒人能幫我一輩子，所有人都只是我人生的過客，只有我的這副皮囊、這個腦袋才會陪我到最後。

剛開始，我也會害怕，不夠自信，怕搞砸一些事。我會覺得一個人去吃飯，一個人去圖書館，一個人坐車，一個人走路，都怪彆扭的。

後來慢慢發現，這個彆扭只是還沒習慣，就像有一天習慣了一個人，身邊突然多了一個人跟你一起，你同樣會覺得彆扭。你會糾結，例如要不要主動開口跟他說話，要不要走得慢點等他。對於習慣了一個人的人來說，多了一個需要你遷就在意的人反倒是挺不自在的。所謂的不自在，只是需要給你時間讓你去習慣罷了，你總有一天會習慣一個人的。

你總會有在異鄉，拖著行李箱，孤獨無助的時候；你總會有遇到在大雨中攔不到車，也無人接應你的時候；你總會有來到新的環境，交不到新的朋友，無依無靠難過的時候；你總會有遇到老闆衝你發脾氣，而你在樓梯間哭完，回去還要說抱歉的時候；你總會有遇到失戀後，覺得天崩地裂撕心裂肺，第二天照常早起上班的時候……

那個因為進入陌生環境而手足無措只會哭的女孩，現在可以一個人去陌生的地方採訪，一個人跑遍大半個城市，能悠然自得地在下班的擁擠地鐵上戴著耳機觀察著身邊人的面部表情或者人們相處時的細節，甚至還覺得挺好玩的。

如今的我，獨自吃過飯，獨自出過遠門，獨自成長，也許以後還會獨自去做更多的事。我覺得這幾年時間在我身上刻下最重的一道記錄就是我願意成為一個獨立的大人。

你總要習慣一個人，不管你願不願意。當現實這層浪撲過來的時候，希望你不至於太狼狽，別似當初的我。

你長得沒人家好看，憑什麼不肯努力

我曾和朋友聊到過某位女明星。我說：「我還滿羡慕××的，哪怕生在娛樂圈，被富二代男友保護得很好，保持著該有的單純，她不需要跟別人搶戲，也不需要別的勾心鬥角，甚至也不需要為前途多努力做些什麼，因為不論電影還是電視劇的角色，她男友都可以砸錢為她鋪路。」

末了，我還特別強調說：「什麼時候，我們也能跟她一樣輕輕鬆鬆得到一切就好了。」

朋友白了我一眼說：「關鍵是我們沒××長得那麼美。」

我特別無奈地說：「你瞎說什麼大實話啊。」

她咯咯地笑著說：「我是說到重點了。」

「長得美」這一條豈止是重點，在很多時候，甚至可以囊括百分之八十的人生關鍵，我這裡沒有放大長得好看的功能，也沒有忽視別的個人能力的意思，那些長得好看的女生人生的確會走得稍微順利一點兒。

另外有一次，我跟一個高中同學聊天，她說：「你知道L在做直播嗎？做得風生水起，一個月賺十幾萬。」

我直接回了句：「她長得滿漂亮的，臉型也很網紅臉，滿好的。」

然後，她吧啦吧啦地跟我說：「人家一個月賺那麼多，難道你沒有一丁點兒的羨慕嗎？竟然連句多餘的感慨都沒有！」

我說：「人家長得美，靠臉吃飯，也是一種天賦，豈是我們這種凡夫俗子羨慕得來的，趕緊去複習考研吧，我去寫採訪稿了。」

我私下偷偷看過一次L的直播。她畫著精緻的妝容，穿得也很漂亮，在直播間和粉絲聊著天鼓勵他們刷幾波小禮物。我想：「人與人之間的差距怎麼那麼大呢，她談笑風生幾句就行，而我們大多數人要很努力很努力才行。」

她一直長得很漂亮，自高中開始，身邊追她的人就不少。她很聰明，很會和男生相處，當然她也是很努力的。擁有漂亮的外表是天生的，但維持漂亮則真的要靠後天的努力和勤奮，護膚、化妝、穿衣搭配以及減肥，全得靠個人的努力。我知道她是一個對自己下得了狠心的人，所以今天這一切都是她應該擁有的。

過分羨慕漂亮女生的人生，而後悔自己長得不好看，也沒太多的必要，漂亮的姑娘有她們要走的路，而稍微普通點的我們也可以在別的路上走得很好，只要你肯

努力都來不及了哪有時間羨慕

努力。

有很多人留言問我：「我只上了個普通學校，長得很平庸，家庭背景也一般，是不是人生就沒有出路了？」

我回答：「不是。」

我認識一個很厲害的女生，她上的是三流院校，因為寫得東西好，畢業後被一個前輩看中，邀請她一起做書。她屬於很努力的那類女生，認真做了幾本還不錯的書，後來換到一家滿厲害的公司，一邊寫著文章，一邊做著書，一邊還抽時間運營著公眾號。一人分身做三份工作，肯定很忙，下班後不能休息，還得寫文章，還得運營微信公眾號，真的很辛苦。

但她一直堅持著，現在公眾號做大了，開始接廣告，收入很可觀，也做了幾本還不錯的書，利用閒置時間自己寫的書也出版了，成為了典型的青春有為的斜槓青年。

我私下跟朋友討論過她，朋友也絲毫不掩飾地羨慕說：「她真的好厲害。」我認識的這個女生，沒靠臉吃飯，靠才華和努力也成功逆襲了，過了自己真正想要的生活。

這半年，我認識了不少長得很漂亮很努力還很成功的女生，也認識了更多長得普通卻努力把自己變得很好的女生。她們敢拚敢挑戰還很用心，見她們第一面的時候，我會覺得有些女生長相普通沒什麼讓人記憶深刻的特長，但是相處久了，會發現這些女生有很多優點，耐力很強，野心很大，綜合能力也很突出。

年輕時，我們總是以五官和身材來判斷一個人好看與否，但時間久了，你會發現總有那麼些人很耐看，越看越美。其實並不一定是她們真的越變越美，而是她們身上散發的那種魅力吸引住了你。

生活中從來不缺長得好看的女生，也不缺努力勤奮的女生，最怕的是你長得沒人家好看又不肯努力上進，還整天抱怨生活待你不公，試問這樣的你，生活憑什麼要垂青你？

我身邊有一個女生很喜歡玩遊戲，熱愛遊戲，熱愛電競事業。臨近畢業季時，她曾跟我們說了很多次想去一個直播平臺工作，最開始，我們都開玩笑說：「那你去開直播吧，起初沒人氣的話，我們支持你，刷小禮物給你。」她說：「自己長得不算太出眾，現在直播好難做的，不想做了。」

接著，她說想去那個平臺內部工作，管理運營那個平臺。我們鼓勵她去投簡歷，她看了下應聘要求和條件，直呼太難了，肯定第一關就會被刷下來。

我說：「要不你先把這個夢想揣著，把要求放低點，找個類似的平臺工作一兩年，學習一點經驗，有了一點基礎之後，再去試試，一次成功不了，咱們走遠點沒關係，只要最後目標達到就行。」

她說：「我現在就想去啊，你說為什麼我不認識一些厲害的人，他們就可以把我弄進去了。」然後，我沒接話。

首先，就做直播平臺來說，我覺得任何一個人能把一個小平臺做大，都是有能力的，有耐心的，是付出了努力的。再說了，哪有天生的大平臺直接給你接手，我們不能想做一件事又嫌它太麻煩，如果你真的是這麼懶的一個人，不好意思，地球不適合你生存。

其次，沒有足夠的人脈關係，不能靠臉吃飯，又不想努力，那麼真的活該你只能平庸地妄想一輩子。想得到什麼，就付出相應的努力去爭取，從來沒有誰能完整地給你鋪一條通天坦途。哪怕別人真的願意幫你，也只能給你提供一個舞臺，至於你能在這個舞臺上幹出一番什麼成績，真的只能靠你自己。

對於大多數的人來說，我們終其一生也只能成為一個「還算不錯」的普通人，但那又有什麼好悲傷的呢？也許你長得就是沒人家好看，那你就努力嘍，把自己武裝成一個靠才華靠能力靠實力吃飯的人；也許你沒有生活中的一些人幸運，但出生就比你幸運的人，並不見得就是一件多麼不公平多麼了不起的事情，那些看起來幸運的人，在其快樂的背後一定有著與之對等而我們卻看不到的煩惱。

我只想踏踏實實努力，每天進步一點，不想用太多的精力豔羨別人。我每天都在努力，都在用力讓自己的生活變得好一點兒，這就夠了。

Part 3

你沒有對不起任何人

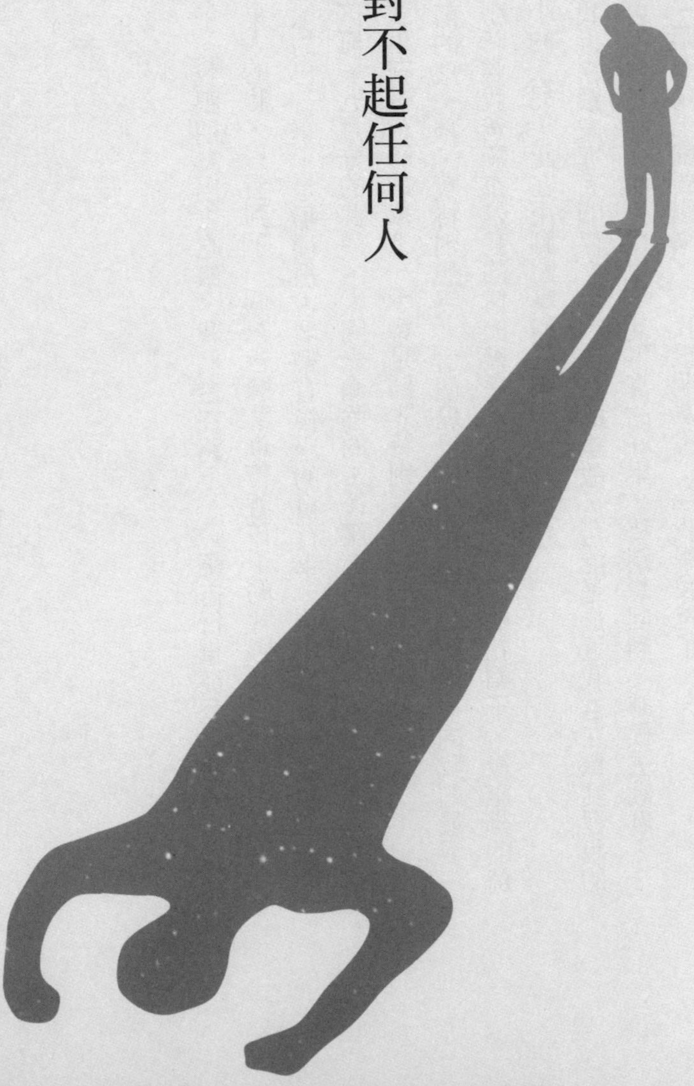

那個不會支持你，但會陪著你的人

一天中午，我跟朋友出去吃飯。我們走在路上，一輛自行車從我身邊過去，沒來得及看騎車人的臉，只看到了一個爸爸騎著車帶著孩子的背影。

不是時髦的自行車，是那種很古老帶有後座的自行車，後座綁了一個類似安全座椅樣的小孩椅。五月分的武漢，太陽光滿強的，後座上的小孩子戴了一個很可愛的遮陽帽，歪坐在爸爸騎的車上，手舞足蹈，特別開心地扭頭到處看。

看到眼前的這一幕，我特別想哭。這個場景突然打開了我記憶裡的我的最愛。這一幕，和小時候我爸騎車帶我的情節幾乎一模一樣：可愛的花帽子，後座綁的椅子上坐個小小的人兒，正在用腳蹬車的父親。

可能是我近來跟家裡人關係處得不太好的緣故，可能是最近我爸在電話裡說的一番話，也可能只是我突然覺得眼下活得真的好累，特別想回到小時候去歇歇⋯⋯我鼻子一酸，眼淚馬上就要出來了，我跟朋友說：「我想我爸了。」

#變強就是為了換我守護你

我特別想回家一趟，想去看看那個脾氣古怪卻最終總是向我妥協的男人。

我是我爸一手帶大的。

在我出生之前，他似乎就和我媽達成共識，我媽只管我伙食，除此之外，我的教育和別的生活安排，乃至穿什麼樣的衣服，都聽我爸的。

在很長一段時間裡，我跟我媽都不是很親，以致我在自己的文章裡也很少提到我媽。到現在，我依然記得幾個不多的五歲以前的生活片段，都是跟那個嚴厲的男人有關。

在我很小的時候，我媽出去工作過一段時間，那時我爸還在一個很偏遠的鄉里當公辦教師，離家特別遠。當時，學校沒有餐廳，也沒吃飯的地方，那兒的老師都是當地人，我爸離家最遠。

為了不讓我餓肚子，每天早上，我爸在家會先炒好幾個熟菜帶去學校蒸，然後特意買了一個剛好夠我們倆飯量的小電鍋，帶上點米，還帶上兩個雞蛋——一個用來做蒸蛋，一個用來做煮雞蛋，都是給我吃的。

中午放學後，所有的老師和同學都回家吃飯了。我和我爸倆在辦公室，我爸批改學生的作業，我守著電鍋，守著裡面的兩個蛋。

可能是認真觀察過，可能是每天都那麼守著已經習慣了，我覺得飯快熟時，散發出來的那個水蒸氣真的是特別香，大米煮熟後，和著菜香和雞蛋香，聞起來就特別幸福。

當時，辦公室還有一臺好大的老式收音機。特別湊巧的是，每次吃飯時，我們都會準時收聽天氣預報。

每次吃完飯，我爸會教我半個小時的功課，當時我還沒正式上學，但我爸信奉的是「教育要從娃娃抓起」，雖然後來證明這一教育理念在我身上沒起多大作用。有一次，他教的是正反義詞，「升」的反義詞我一直說不出來，他當時特別凶地說：「你好好想一下，剛剛吃飯的時候，收音機『升』後面放的是什麼？」

我挺倔的，他凶我，我不吭聲，只是一個勁在那哭。當時，他還很年輕，脾氣大，也不知道怎麼教育孩子，就和我對槓。他把我好好罵了一頓之後，又花了很長時間哄我。

在很多年後，回想起那段日子，我能想到的就是我爸給我開小灶和凶我的場景。我也曾因此怨過他，為什麼我爸偏偏是一個老師，天天給我上課？

在當時那麼苦那麼艱難的環境下，那個古怪男人從來沒有苦過我，我的吃穿全都是他所能給的最好的。

我曾特別討厭過我爸，我覺得他專制又霸道，天天管我這管我那，完全就是一個家庭版的希特勒。

讀小學的時候，有一天早晨下雨，我爸讓我穿了一件很醜的外套，但我非要穿漂亮的裙子。我爸各種哄勸，我都不聽。最後，他脫下拖鞋，把我按在房門上打了一頓。

其實，在他還沒開始動手之前，我就已經哇哇大哭了。還沒打幾下，我的哭聲就把正在給我做飯的媽媽叫來勸架了。說實話，他打得不疼，但我委屈。最後，我還是穿著老爸要我穿的外套，屁股帶著上幾個鞋印去上學了。從那天開始，我就知道，這輩子我都鬥不過他了。

這是我長這麼大以來，他唯一打過我的一次，但我們的鬥爭才剛開始。

讀初中的時候，我的老師拿著我考了十五分的地理試卷給他看。他黑著臉，回到家對我冷嘲熱諷了好幾天，特別是在我看電視的時候，想跟朋友出去玩的時候，想偷懶不學習的時候……他甚至乾脆跟我說：「我閉著眼睛都能答對不止十五分，你說你丟臉不丟臉？你若不把成績給提起來，以後週六、週日都在家學習，我親自陪著你。」

起初，我是不相信的。我想著你能拿我怎麼樣，可他是來真的，他真的是推掉自己的活動，從早到晚坐在我書桌旁，看著我學習。好吧，我還是妥協了，後來地理好歹能混個及格了。

讀高中的時候，班上有個男孩子喜歡我，約我出去看電影，恰好那天我在午睡，手機擱在桌上沒拿進來，被他看到了。他陰著臉，等我醒來，毫不避諱地對我說：「你搞清楚自己現在該幹什麼，不該幹什麼嗎？我不管這個男生是誰，反正電影不准去看，早戀不行。」

第二天去學校，班主任給我換座位了，調到了一個前後左右都是女生的位置。後來，我高中階段再也沒談過戀愛。

大學選專業的時候，我想學新聞，他不准，他說以後我不會從事這方面的工作。然後，不管我願不願意，他把我幾個專業欄全改了，而且都改成了與文字半毛錢關係都沒有的專業。實踐證明，我現在從事的工作就是跟文字有關的，但老古板早就不記得這件事了，可能當時我要真學新聞，或許不會走上現在這條路吧，誰知道呢。

我曾以為自己這輩子都沒有機會讓他妥協了，我這輩子算是栽在他手上了。但我忘了，我忽視了一個很重要的東西：時間。時間是我的敵人，也是我的朋友。

大學畢業了，我跟他說，我想去別的城市發展。幾乎是想都沒想，他就回了我一句：「不准去，你就給我留在武漢，哪兒也不准去。」

我很生氣，掛斷了他的電話。我因此置氣了，我想不再跟他說話。以前，我每次跟他打電話，都能聊上半小時，前一段時間，我跟他聊五分鐘就聊不下去了。我選擇單方面不願意跟他溝通，不願意聽他說話。每次，我都以同樣一個理由結束我們的對話：我要忙了，我要去寫文章了。

在隨後的一個多月時間裡，我是鐵了心要跟他冷戰。當一個人真的對另一個人鐵了心的時候，對於對方的難過、焦慮和心痛，是根本不能再感同身受的。

我爸是一個特別擅長寫那種感動我的話的人，簡簡單單一句「一個人在外面好好照顧自己」，有時都能讓我感動得想哭。但在這段日子裡，我活成了特別不孝的模樣，我對他寫的話不再感動，反而有一絲不耐煩，我覺得那只是他用來留住我的手段，我不能看。

奇怪的是，我竟然也寫不出那種很感人的關於父母的文章了。我的感知能力在「父母」這個稱呼面前似乎全部喪失了，我甚至還非常叛逆地寫了不少關於父母不能活得太自私，不能總想把子女困在身邊的文章。我還被人誇說這個角度找得好，其實哪裡是角度找得好，只是當時換了另一種方式把對父母的怨都寫出來了而已。

我發現，一直以來好像就是我錯了，我有意把他們當成敵人，可是他們並不是敵人，他們是最愛我的人。

在那段日子裡，我回了一趟家。本來想待兩天就走，可某一天晚上，我爸在我房間來來回回繞了好幾圈，還是開口了：「你能不能把車票改簽一下，在家多陪我和媽幾天？」我不肯改簽，也不接他的話。

他也不急，也不離開，就坐在旁邊看我寫稿子，抬頭看了眼他希望我多留幾天的眼神，我還是心軟了。我改簽了，並且還把手機上收到的改簽短信給他看了，他才肯離開。還沒等出我房間，他就大聲對隔壁房裡看電視的媽媽說：「她改簽了，在家可以再多待幾天。」他語氣裡的開心，是掩藏不了的。不知道從什麼時候開始，我們角色在互換，父母變得像孩子，我反倒成了大人。

也許再過幾年，等他們再老一點兒，在他們的監護人那欄填上我們的名字，我們可能就真的要成為大人了。

那天晚上我還是沒寫成文章，我好難過，我哭了，我為他們正在老去難過，我為他們越來越依靠我難過，我為我心疼他們也捨不得離開他們難過。我是要去遠方的人，我是要去追求我想要的生活和我喜歡的人的人，他們怎麼能這麼快就老了呢，這讓我如何放心得下呀！

我特別難過的是，因為我的固執和不懂事，我竟然拒絕和他們溝通，甚至拒絕去瞭解他們。

小時候，他們工作上遇到什麼事，或者單位的同事遇到了什麼事，都會在飯桌上聊起來，我會特別好奇地問東問西，讓他們講緣由給我聽。長大了，我還會參與他們的話題討論，一併說說我的看法。可這次回家，在飯桌上，聽著他們討論的很多話題，我竟然插不上話了，僅僅因為我和他們冷戰了一個月，只是因為我對他們的生活漠不關心了一個月。就像他們怕錯過我的成長一樣，我也會為錯過他們的生活而難過，會在心裡一遍遍地自責：「我到底幹了什麼蠢事！」

大人們總用「一天一個樣，隔幾天不見就變樣了」來形容孩子。其實對我們來說，越來越老的他們也是一天一個樣，你錯過父母的每一秒都是他們已有人生中最年輕的一秒，以後的每一秒都會比前一秒更老。我忍不住在心裡抽自己兩耳光，我覺得自己好自私，為了自己的發展，不管不顧父母的感受，不是選擇去和他們溝通，而是採取冷戰這麼蠢的辦法。

在家待的最後一個晚上，樓下王阿姨來我們家找我媽。我坐在旁邊，聽我媽跟王阿姨誇我，說我每次回家都給爸媽手裡塞錢，「我們不要她的錢，還偷偷塞在我們枕頭下，走了才告訴我們，去年過年還特地帶我們去逛街給我們買衣服，還給他爸買了一件特別貴的大衣，她捨得給我和她爸花錢。」

王阿姨用很羨慕的口氣說：「她長大了，懂得孝順爸媽了，真好啊，以後你和文老師就可以輕鬆享福啦！」

我那個從來只會當我面說別人家的孩子好的媽媽，終於開始誇我了，可是不知怎的，她越誇我懂事，我越覺得愧疚。

我是長大了，可也沒怎麼陪過他們了，除了多給他們一點錢，多給他們買點東西，我也真的不知道該用什麼別的方式對他們好了，再也不能像小時候那樣，在媽媽做菜的時候幫她洗個菜，幫點實際的小忙了，只能藉由給錢的方式來彌補內心的愧疚。

以前每次去武漢，我爸都會送我到火車站，他說不放心，非要看我坐的那趟火車開了才肯離開。而他已經好久沒送過我了，他相信現在的我不管去哪裡，都能很好照顧自己。

我在車站看到別人的父母對孩子叮囑再三的畫面，突然不想繼續長大了，如果有得選，我還是想當那個父母眼中什麼都不會，需要被人照顧的傻女孩，長大真的一點也不好玩，沒有爸媽照顧的成人世界太凶險了，我內心並不太樂意這麼早就去面對。

有一天晚上，我爸打電話給我，接通就說：「我明天有點事兒，後天再跟你視訊。」

從我開始住校起，我就和父母約好每週五、週六和週日都要跟他們通電話，起初用學校的公用電話打，後來有了手機，和他們聯繫更頻繁了，這個習慣一直延續到現在，近十年了。

我在電話這頭「嗯」一聲，我爸就會很認真地對我說上一大段話，例如：「寶貝，我想了很久，做了一個決定，想跟你說一下，如果別的城市有更適合你發展的機會，你就去吧。爸爸也不能太自私把你永遠留在身邊，我不能限制了你的發展，是爸爸把你培養得太優秀了，所以你才需要更大更好的舞臺，這是一件好事。你也長大了，要飛走了，那就走吧，我和媽就當你去外面讀書了，不留你了。但要是在外面太辛苦太累了，覺得撐不下去了，也沒關係，那就回來吧。沒人會笑話你，也沒人敢瞧不起你，大不了爸爸養你。」

他終於向我妥協了，我終於贏了他一次，可我卻一點也不開心。

聽他說完這番話，我崩不住了。我在電話這頭直接哭出來了，哭得特別凶。很奇怪，在我爸同意我去做自己選擇的時候，我沒有想像中那麼開心，第一感覺竟然是難過。我太理解他了，我壓根沒想過他會同意，我甚至想的是等我找好工作了，先斬後奏直接離開，我也甚至想過為這件事跟他大鬧一場，但真的沒想到的是他先鬆口了。

我不知道他做這個決定下了多大的決心，但我知道當初那個捨不得我離家上大學，翻來覆去一夜沒睡的男人，肯定為了當下這個決定已經好幾個夜晚沒睡著了，肯定已經把這件事壓在心裡獨自糾結了好久了。我的冷戰肯定是徹底傷著他了，他肯定是怕把我留住後我會怨他一輩子，而且我特別確定的是，他一定特別怕不答應我，我就再也不跟他說話了。

他曾說過，他最怕我不理他，最怕我生氣不跟他說話。所以，哪怕他最終不太支持我的選擇，但他會選擇陪我，選擇站在我這一邊，選擇看著我走得越來越遠，看著我離他們越來越遠。其實，他心裡比誰都清楚，我要走的是一條離他們越來越遠的路。

整整五分鐘，我沒有接他的話，我在電話這頭哭，他在那頭安慰我說：「你別哭，你要知道，爸爸媽媽永遠是最愛你的人。你只管往前走，不管出什麼事，後面還有我們撐著呢。」

在那一刻，我好想飛過去抱抱他。

估計是怕我心裡太內疚了，我媽還故意說：「也沒什麼的，就當我們白養了你這個女兒，但是能怎麼辦呢，反正不管怎麼樣，你都是我們的女兒。去吧，想去哪裡就去哪裡，注意安全，然後照顧好自己。媽媽不希望你賺多少錢，我也想你跟同齡孩子一樣，天天想著去哪裡玩，還想著伸手找我們要錢，真的不想你天天這麼累。」

有時，我覺得自己擁有了一雙假父母，在人家父母都希望孩子早早成材，多賺點錢的時候，他們卻希望我當個不那麼上進、不那麼拚、不那麼努力，只知道吃喝玩樂的孩子。他們又是世上最好的父母，他們對我投注著百分之百的愛，才讓我長成現在這麼一個很棒、很厲害、很聰明、很體貼人、很懂得愛的好女生。

真的很抱歉，第一次做你們的子女，也許我會把一切都搞砸了，我只祈求上蒼讓你們慢點老去，讓你們一路看著我成為世上最棒的女兒。

回家，哪需要什麼理由

有一次，我跟朋友開玩笑說：「武漢今年整個夏天都不熱，讓我想回家的理由都沒有了。」朋友聽完我的話，回了一句：「回家哪兒需要什麼理由啊！」聽了朋友這句話之後，我思考了一會兒，很認真地說了一句：「回家是需要理由的。」

上大學那會兒，學校沒在宿舍安空調。武漢的夏天又特別熱，於是每年六七月的時候，就會熱得受不了，總是迫不及待地想回家，通常會逃掉週五上午的課，週四下午上完課，就乘車回家避暑，下週一再回學校。

每次回家，被樓下的阿姨們問起怎麼又回來了，我總能神氣十足地回一句「學校這兩天沒課了，恰好學校太熱了，我回來涼快涼快」。那個時候想在家賴多久就多久，理由正當，藉口充分，而且自己也心安理得。

甚至沒有什麼別的原因，就是想回家懶幾天了，隨便背上一個包就回家了，家裡人也不會問你怎麼又回來了，也是好吃好喝地照顧著，等吃飽喝足在家裡也待膩

#想回家只是因為想家了

了之後，背上書包又繼續換個地方去玩。那時頂著「大學生」這個身分，把自己所做的一切事都合理化了。

畢業之後，變成了一個社會人，成為一個真正的大人了，我們反倒變成了一個不能輕易表露脆弱的個體。好像真的變成了一個獨立的個體，開始漂泊了，有家不能回，怕被家裡長輩圍著問：「別人都在外面工作，你為什麼突然回來了？」怕被人拉著問：「你做什麼工作？有對象嗎？」更重要的是，自己再也不能心安理得地回家了，好像不是因為生病、家裡有事或者有要辦的正事，就沒理由回家了。

我們長大了，變成了一個不管做什麼都要問一句「為什麼」的理性人。我們想表露脆弱，或者偶爾想家了，都需要先找到一個讓自己信服的理由，我們的真實感情也就漸漸被「理由」奴役了。

我已經好久沒跟爸媽撒嬌了。我怕他們擔心，就把自己偽裝成很獨立，能解決所有的事情，在他們面前總表現出一副很能讓人放心，絕對能夠照顧好自己的能幹女兒形象。

最近一次，我在我爸媽面前不那麼逞強，大概是在一年前。

那天，我把我媽送我的戴了四年的護身符弄丟了。那天早上，我出去見朋友之前，記得特別清楚，我把護身符從另外一個包拿出來放進了我出門要背的包裡。四年來，我真的每天都會帶在身邊。我從來沒有回家後檢查包裡東西的習慣，但那天回家後，像是有感應一樣，我突然就想確認一下護身符在不在，然後在包裡找了一遍，沒有。我擔心是早上沒有放進去，又把所有的包都找了一遍，最後還是沒有。

其實，像我這種大大咧咧、一個夏天光是陽傘就要丟好幾把的人，早就習慣了東西弄丟的心煩感。可當我找不到護身符的時候，我前所未有地著急起來，直接坐在地板上跟自己發脾氣，怪自己粗心大意。

我第二天要去廈門，由於各種原因沒能告訴爸媽我的安排，而偏偏在去的前一天晚上我媽送我的護身符被我搞丟了，我真的很害怕。我不迷信，但從小到大有的沒的聽了不少，加上我特別愛多想，所以那天晚上我亂七八糟地想了很多。

我怕我出門的這一路會不那麼平安，我怕我媽會出什麼事，甚至我還極端地想著如果我現在不跟我媽打一個電話，會不會以後再也沒機會了，因為我把她送我的東西弄丟了，而且還是最重要的護身符。

在我把所有最糟糕的事情都想了一遍之後，我決定乾脆跟我媽打電話。等她接通電話，聽到她聲音的那一刻，我之前在心裡編排好的謊言都沒用了，我直接哇地在電話裡哭著喊「媽媽」，就像小時候在外面受委屈了，見到家人就癟著嘴訴苦。

我媽被我突然來的脆弱嚇一大跳，還一個勁地在電話那邊說：「你別哭啊，發生什麼事了，跟我說啊。」我嗚嗚咽咽地說「我把你送我的護身符搞丟了」，並且在說完這句話之後，繼續像個小孩子一樣特別大聲自顧自地哭著，好像借著這件事，要把這段時間我心裡所有的委屈和脆弱都在他們面前表露出來。

其實，在聽到我說弄丟了護身符之後，我媽第一句話就是：「你怎麼把這麼重要的東西弄丟了。」可能她本來是打算責備我的，但在聽我哭得特別慘之後，又言語變得溫柔起來，安慰我別哭，說是丟了就丟了，下次回來再送我一個。可能真的被這樣的我嚇到了，我爸也跑到電話那頭來安慰我，還一遍遍地告訴我：「爸爸媽媽在家都挺好的，你在外面照顧好自己，就是我們一家人最大的平安符了。」

我爸是一個特別聰明的人，估計也感覺到東西丟了難過是藉口，想家了才是真的，所以最後一遍遍地跟我確認什麼時候回家。我不喜歡說漂亮話騙父母，最近因為各種事一直都挺忙挺糾結的，所以我也沒有正面回應我爸，最後他急了，索性說：「爸爸的一個眼睛最近總是紅紅的，去醫院檢查了，都吃了快一個星期的藥了還沒好，也不知道怎麼回事。」

他知道我很心疼他，他一說這些，我就肯定會說回去。可是我很清楚他眼睛肯定沒什麼事的，他這就是一個藉口。我不忍心看著他為了讓我回家，找一個自己生病了的藉口。我總覺得這個樣子的父親好可憐，說著謊話，也就只是為了女兒的一點關心與愛。而我確實不捨得讓我爸爸媽媽活得這麼「缺愛」。

這件事之後，我突然覺得自己之前認為「回家是需要理由的」是那麼可笑。

我們總覺得有了足夠合適的理由才能回家，而我們的爸媽為了讓我們回家玩一趟也是想了各種理由，我們彼此最真實的感情都敗給了「合適的理由」。

真正的回家，哪兒需要什麼理由？父母在的地方就是家。難過了，受委屈了，不開心了，我們就想回到他們的身邊。就像老鷹捉小雞的遊戲，在雞媽媽的身邊，哪怕外面的世界再凶險再難，至少此刻和他們在一起，就能有片刻的踏實感，能睡一個自然醒的好覺，能在醒來之後不擔心不害怕，甚至不用去想中午吃哪家外賣，就當個嬰兒被他們照顧就好了。這是人的天性，是血緣至親的神奇之處。

倘若真的需要給回家找一個理由，那「想家」這個理由充不充分？就像父母想我們回家一樣，我們回家的原因也能純粹的是因為「思念」。

可能現代人都得了一個「理由必須充分」的病，跟一個人在一起要有一個充分理由，喜歡一個人要有充分的理由，甚至連回家一趟都要像做專案一樣有具體的方案，裡面包括原因、可行性和最後可能發生的結果，但人生很多事不是考試，沒有標準答案，無需充分理由。我想跟你在一起，只是因為跟你在一起開心；喜歡你，是因為在某個瞬間，你讓我心動了。同理，想回家也只是因為想家了。

回家真的不需要什麼合理理由，不要把自己看得那麼見外，因為那是你的家，父母是你人生的一部分。

我變成了會惹你哭的大人

我爸說：「你媽昨天晚上因為你說的一句話，哭了半晚上。」

聽到這句話時，我腦海裡首先浮現的是，一個為家庭日夜操勞的中年婦女，先是偷偷抹眼淚，然後是哭著跟身邊的丈夫說：「我好捨不得女兒啊，我以後要是想她了怎麼辦，她為什麼一定要離開我們？」

我強忍著淚水，默不作聲。

我爸繼續說：「你跟她說，你這幾天就要走，就是說著玩玩嚇唬她的，快去安慰一下她，跟她說你不走了。」

我依舊沒有做出任何反應，眼睛盯著螢幕好酸，眼淚馬上就要掉下來了，可是我不能在他們面前示弱，不讓他們更難過，我告訴自己一定要忍住。

過了一會兒，胡女士（我媽）進來了，繞著我房間走了一圈，嘆幾口氣，見我也沒想要跟她說話，估計也怕打擾到我，待了一會兒，就輕輕關上房門走了。她轉身離開的時候，我瞥了一眼她的眼睛，的確紅紅的，但怕與她眼神對視，趕緊低頭順勢把那顆憋了好久的眼淚甩出來了。

下午三點多，我打開房門，準備去冰箱找點喝的，瞥了一眼對面的房間，發現一向熱衷麻將事業的胡女士今天竟然在房裡睡覺。我把頭探進去了看了下，她睡著了，手邊放著的是一本厚厚的相冊。

自從我長大後，就沒怎麼去照相館照相。我小時候每年生日，胡女士都會帶我去照相，所以這本相冊也算是完完整整記錄了我的成長。好端端的，我就在隔壁房間，胡女士卻還得通過照片來想自己的女兒。突然覺得自己真的混蛋極了，用一副面無表情的臉硬生生讓胡女士把想跟我說的話吞進了肚子裡。也許，在胡女士眼中，小時候的我真的更可愛些，至少不會惹她哭。

胡女士跟我說過很多次，小時候的我很乖很聽話，從來不惹她生氣。小時候的我，也從來不黏她。而每次聽她說這話，都是在長大後的我惹她生氣的時候。

我反思過，我小時候不黏她的主要原因，可能是我對性別沒有特別明顯的區分，男人和女人在我眼中都差不多。既然我的吃喝玩樂，我爸都可以解決，那就只要爸爸就行了，畢竟胡女士也愛玩，也沒很多時間搭理我。

十歲之前，我對胡女士的記憶很少，哪怕我們也總是生活在一起，但真正交流

我們都變成大人了

的時間不多，我對胡女士也只有三個很深的印象。

記不清是一九九七年還是一九九八年的特大洪水，當時我們還住在老家，我爸在外面「函授」，現在時尚的說法是進修，家裡只剩我和胡女士。當時我家門前有一條河，河上有一架橋，橋對面有我家的菜園子，而我還小，什麼都不懂，睡醒了看到家裡沒人，就哇哇大哭，哭了好久，一直沒人過來哄我，最後自己爬起來了，穿著紅肚兜站在我家大門口，喊著「媽媽」。而胡女士正在看我家菜園子，突然看到當時小小的我穿著紅肚兜站在門口，就趕緊趕回來了。

用她後來的話說，當時看到我那麼小小的一隻，站在門口，讓人又心疼又擔心，生怕我亂跑亂走被水淹了，可我乖乖地站在門口等她回來。每次提這件事，她都會嘆息一次：「你看你現在都這麼大了，越大越管不住了，愛到處亂跑了。」

按理說，兩三歲的我不該有記憶的，但不知道是胡女士在我面前唸叨的次數多了，還是我真的記得那次和她的共患難，反正我腦海裡真的很清楚有這個記憶——站在門前等她回來的記憶。可能也是因為我們之間沒多少共同記憶，所以老天讓我記住了我和她的這次「患難與共」。

我對胡女士第二個印象，是在我四五歲的時候。胡女士在外面工作過一段時間，我對她是很陌生的，每當我爸跟我說「你媽下午要回來」，我竟沒有像同齡孩子那樣，因為媽媽回來特別激動，我是該幹什麼幹什麼。

所以，當在外面工作一段時間才回來的胡女士站在我面前時，我竟然都不願意喊她「媽媽」，這個詞在我嘴裡總是憋了很久，但依舊叫不出口，最後實在彆扭不過，我就會像躲陌生人一樣躲她，一直跟我爸屁股後邊打轉，就是不跟她說話。

我一直記得，她從外面回來，既沒給我帶吃的，也沒帶玩具。她不像我爸，去任何地方回來都會記得給我帶點好吃的，或者小玩意兒。可能小時候的我真的很記仇，就因為這件事，我一直在心裡覺得媽媽沒有爸爸好，媽媽沒有爸爸愛我。

前不久，看《媽媽是超人》這個綜藝節目，看到裡面「包餃子」（編按：包貝爾與包文靖的女兒）的媽媽手忙腳亂照顧著她，還把她弄哭，在「餃子」喊著不喜歡媽媽，要爸爸、奶奶的時候，包貝爾的老婆在一旁偷偷抹眼淚。哪怕這個孩子是從自己肚子裡出來的，卻跟自己一點也不親，這是一件很難過的事。

看到這裡的時候，我突然有點理解並且心疼胡女士。我向來愛恨分明，有多直接對我爸表達我喜歡他，就有多傷人地表現出「我不喜歡媽媽」，可胡女士也是第一次做媽媽，肯定也有很多鏡頭——沒有捕捉到的手忙腳亂和難過，加上她沒有我爸擅長表達，很多事更多是悶在心裡自己消化。我忽然覺得自己好過分，有點心疼胡女士。

她像我爸一樣，百分之百愛女兒，可誰知作為女兒的我從小就是個白眼狼，做了無數件讓她心碎的事，從小到大都沒有誇她一句，也從來沒像別人家的女兒那樣跟她親暱過。也許她表面不說，也許早就習慣了我偏心我爸，但內心肯定也是希望我能像對我爸那樣對她好的。

我對胡女士的第三個印象：我覺得她不愛我，她對任何一個小孩子的愛，都超過對我的愛。

我五六歲時還在尿床，還要跟他們一起睡。我從小睡覺不安生，踢被子踢人什麼的是小事，經常睡著睡著就橫著了，然後把我爸媽擠到沒地方睡，胡女士挺討厭我的，所以不跟我睡一頭。

於是就出現了一個問題，每次我一尿床她的腳就能先感覺到，好幾次在我剛剛有苗頭的時候，她直接用腳蹬我屁股，並且特別凶狠地提醒我一句「你在幹嘛啊」，硬生生讓我憋住，起來尿。而我特別不喜歡她的地方是，她不僅破壞我的美夢，還把我的屁股踢得好疼。單單這一點，就足以讓我不喜歡她好久。

而讓我徹底明白她不喜歡我的，是另一件事。小時候，我被我爸慣得無法無天，脾氣特別壞，我要什麼東西就必須得到。我爸特別寵我，他真的會因為表哥、表弟欺負我而教訓他們，所以在某種程度上來說，我的表哥、表弟都是怕我爸的，而我就是他們中的小霸王。所有人都寵我，偏偏胡女士不。

在我很小的時候，我很霸道，不懂得分享。我的表哥、表弟大多跟我年紀相差不大，玩具什麼的都可以一起玩，但我就是特別霸道，我去表哥家搶他們的玩具，他們來我家我的玩具都不給他們玩。我爸由著我，但胡女士特別看不慣我爸寵我的樣子，每次都直接把我的玩具給哥哥、弟弟玩，我哭鬧都不管用。所以，我一直覺得胡女士喜歡別人家的小孩，不喜歡我。後來我才明白，她這是在潛移默化中教我怎麼跟人相處，跟人做朋友，跟人分享。

但我真的一直挺不喜歡胡女士的。在我七八歲時，看到一個新聞，說是一個媽媽覺得女兒跟她搶了老公的寵愛，她趁老公不在家就把女兒悶死了。我暗自在心裡擔心了好幾天，害怕我爸對我太好，我也太喜歡我爸，讓胡女士某一天特別不開心，然後偷偷把我扔掉。我現在長大了，也知道了當時純屬瞎想，可我一直都在用最大的惡意揣測我媽對我的愛，可見我對她多麼見外，我真壞。

後來，在我真正意識到我是個女孩，在我有了所有同齡女孩都有的生理變化時，在我需要胡女士的時候，我才對她親切了點，好像也是從那時起，我對她開始親暱了。

畢竟慢慢長大了，畢竟是個女孩子，很多話無法對我爸說出口。處於青春期，我開始主動邀請她一起逛街，雖然是為了買內衣，卻會主動跟她說很多心裡話。那個階段，我挺排斥我爸的。我會主動對她好，因為我從小就是一個勢利的人，我真正意識到「媽媽」對我很重要了。

說來真是慚愧，最後不是因為愛，也不是因為她是我媽媽，只是因為我們同樣是女人，未來的很多事還得依靠她，才跟她慢慢親近。胡女士似乎真的一點兒也不計較我曾經對她的不好，在我敞開心扉對她的時候，她是毫無保留地對我好。

讀高中的時候，我跟她說，好朋友的媽媽做的壽司特別好吃，僅僅因為我誇了別人媽媽一句，她照著網上的食譜也給我做壽司。每次要回家的時候，她都會一樣一樣地問我要吃什麼，然後回來全做給我吃。所以我曾經跟我朋友開玩笑說，我這輩子都不可能變成很骨感的那類女生，因為每次在外面辛辛苦苦減掉的幾斤肉都被胡女士給我補回來了，因為她太清楚我喜歡吃什麼；每次跟我爸打電話，最後幾分鐘跟胡女士聊天，她跟我強調的都是：要吃什麼就買，別節約，沒錢我給你匯錢；甚至在別人的媽媽都要求孩子要好好學習的時候，胡女士特別開明地跟我強調勞逸結合，一個勁地催我出去跟朋友玩。

仔細回想這一路，我真的很少關心胡女士，偶爾聽她講起她的朋友，發覺自己好久沒有關心她的生活了，才會很愧疚地對她好一下，但通常持續不了兩天，可能我真的還沒養成對她好這個習慣吧。

二〇一六年的母親節，因為剛在電話裡和我爸吵了幾句，所以早上故意鬧彆扭地不肯跟胡女士聯繫，連發一句短信「媽媽，母親節快樂」都沒有。不是我忘了，也不是我不愛她，只是因為當時我跟我爸賭氣，就順帶著也不想打電話給她。等到晚上，我才給胡女士打電話，有些敷衍地跟她說：「媽媽，今天是母親節，你有吃好點嗎，你有沒有什麼想要買的東西，我買給你。」

這番話真的是很不用心，我在朋友生日總能送出讓他們感動的禮物和祝福，但這股聰明鑽研勁卻不願意投入一半在胡女士身上。我很懶且真的可能因為是親人就忽視了，提前幫她準備一份禮物都不願意。

胡女士很客氣地說：「你有這份心就夠了，我不需要你買什麼。」這個時候，我爸在視訊那邊特別替我媽打抱不平地說：「我早上就跟你媽說了啊，你一大早肯定會發短信或者打電話回來的，估計你是有什麼事忙得忘了吧。」

正當我準備瞎編理由的時候，胡女士很體諒地對我說：「媽媽知道你忙，媽媽不怪你，你好好照顧自己，就是媽媽母親節最好的禮物。」

聽完這句話，我趕緊把頭扭離攝像頭，用手擦掉眼淚，然後扮著笑臉說：「媽，我這幾天要回家一趟。」還沒等我這句話說完，胡女士就在那邊計畫著說買什麼給我吃，這下子我更愧疚了。

而挺沮喪的是，這次回家我還把她弄哭了，突然覺得為人子女，我好差勁啊。

一口一句我要掙好多的錢，要給我爸媽更好的生活，卻最後反倒讓他們更難過了。而就在我爸跟我說「你把你媽弄哭了」的那個下午，我也對著電腦哭了一下午，一個字也沒有寫出來。

就在那一刻，我覺得自己活得挺差勁的，我甚至對自己的選擇產生了懷疑，突然覺得好像沒有了我爸媽，我人生也挺沒意思的。而我對胡女士說我要去的M城好像變得也不那麼重要了，我喜歡的人不在那邊，我最親的人也不在那邊，僅僅靠一份情懷去那邊待上一段時日，好像真的不是我的作風。

可能是因為心疼胡女士，可能是因為想到我自己喜歡的那個人也不在那兒，還去那裡幹嘛？也可能只是突然覺得好累，我突然特別崩潰地一個人在房間裡哭。就覺得挺無助的，手上什麼東西都沒握住，一份遙遙無期的喜歡，一份搞砸的親情，一份沒有任何支撐的情懷。

胡女士進來了，看我正癟著嘴巴在那裡哭，也慌了，一個勁安慰我說：「有什麼話就說，別哭，都可以解決的。」我哭著對她說：「媽媽，我對不起你，如果可以，我也希望我去哪裡都能把你和爸爸帶著，可是我帶不走你們啊，可是我又不希望你們為我難過，我好痛苦啊，怎麼辦？」

胡女士偷偷抹了抹眼淚說：「別哭了，你要去哪裡就去吧，媽媽就是擔心你會在外面受苦，一個人去，也沒哥哥、姊姊在那邊照應，擔心你在外面吃不好睡不好過得不開心，擔心你被人欺負了，我和你爸也不能趕過去幫你撐場子，擔心你在外面會像現在一樣難過，自己躲在房間裡哭，都沒人能跟你說上一句話。」

我真的特別想跟她說：「媽，我不走了，我就留在這邊，做一份穩定的工作，找一個靠譜的男朋友，好好陪在你們身邊。」可是話到嘴邊，硬是說不出口，因為我很清楚，此時我只是一時的心軟，一時的崩潰，一時的想要安穩，等我恢復理智，還是要去遠方。

我真正體會到了這份難以割捨的親情，突然想到小時候，胡女士每一次出去工作，把我留給我爸的時候，她肯定也很難過。我從小到大的每一次出遠門，每一次離家，胡女士肯定都是難過的，只是習慣隱忍的她，一直默默忍著，讓我看不出她的情緒波動，突然好心疼胡女士。

親愛的胡女士，對不起，我只是變成了會惹你哭的大人。你別難過了，我一定會把自己照顧得好好的。

你沒有對不起任何人

朋友考研落榜了，她很難過。我和一個朋友陪了她一下午。她是一個死要面子的人，哪怕心裡再難過也依舊嘻嘻哈哈地拉著我們去看電影，逛街，吃飯。

在吃飯的過程中，她也一直有說有笑，快要吃完了，她突然冒出一句：「過幾天要回家，我真的不知道怎麼面對我的父母和那些八卦的親戚們。其實考不考得上我無所謂，但我就怕讓我媽媽失望，我怕回家跟我媽一起走在路上，別人問：『你家孩子考研考上了嗎？』我怕我媽說了『沒有』之後，別人在心裡看不起我媽，對方會想『你一直說你家女兒很厲害，怎麼現在考個試都不行啊！我親戚哪個哪個的孩子輕而易舉地考上了，還是你家孩子不行，看你平時還到處誇得不行』。」

當然，這不是在惡意揣測別人的想法。但我也很清楚，在中國的一些小城市裡，家長里短，各種攀比確實很常見。接著，朋友繼續說：「我擔心我給我媽丟臉了，我怕我媽難過，特別怕，所以現在真的有點無法面對我的父母。哪怕我把一切都搞砸了，但我媽還是對我一句重話都沒說，她擔心我難過，每天都會打電話安慰我，她越是不怪我，對我越好，我內心越是愧疚。」

說著說著，她的眼圈開始紅了，卻還一個勁地解釋說：「我沒有哭，只是隱形眼鏡戴著有些不舒服。」看著她眼圈越來越紅，我知道她不想讓人看到她狼狽的樣子。這時的關心和問候會顯得很多餘，反倒會讓她更不自在，我假裝不在意地低頭玩著手機，像平時聊天那樣搭著話，不刻意地看著她。

她的這種情緒和這種感覺，我也有過。之前，我曾在文章裡寫到過，當我搞砸一件事時，在難過之前，我首先考慮的是我會不會給父母丟臉，所以我很能明白她的感受。但在她說這番話時，我還是很意外，意外地覺得那個認識了四年的大大咧咧不懂事的女孩，突然長大了。

那天晚上，我一直跟她強調一句話：我們的父母也許並不希望我們負重前行，我們都已經長大了，這是你自己的人生，搞砸了自己承擔後果，沒必要覺得對不起他們，你沒有對不起任何人。

想起高考考砸時，我也在心裡難過得不得了，我爸爸單位好幾個同事的孩子都上了所謂的重點大學，我特別怕我爸因此抬不起頭。那時，我最討厭別人問我家裡人：「你女兒在哪裡讀書啊？」在很長一段時間，我真的覺得我對不起他們，我在心裡默默地衡量著他們對我的好，甚至愧疚地覺得自己辜負了他們對我的這份好，我在心裡怨過自己：「為什麼不能更聰明點，為什麼不能成為他們的驕傲？」

我背負著這份「對不起」，生活了很久，不斷自責，父母對我的愛成了我前行路上最大的壓力。而且在很多時候，我竟然會羨慕那些父母對孩子不那麼關心的同學，他們過得隨心所欲也更加輕鬆。在很長一段時間裡，我向前走的每一步都在想「我這麼做能不能讓父母開心」，我活成了一個怕對不起父母而取悅父母的孩子。在很多人面前，我就是一個沒有一丁點兒叛逆精神而完全聽父母話的好孩子。

我把自己活成我父母想要的樣子，不做任何反抗。我心裡明白他們對我的好。我活成一副罪人的模樣。

我也有過很極端的想法。沒有人知道，當時二十歲不到的我，因為怕辜負父母也真的想不開過，但一想到爸媽把我養這麼大多麼不容易，於是我告訴自己要努力賺一筆錢，夠他們以後生活很久很久。

我與大多數人的不同在於，我會主動尋求自救。我很坦誠地跟一個我很信任的老師講了我心裡所有的想法。她並沒有把我當成異類，也沒有吃驚地覺得我一個小女生怎麼想得這麼多，只是很平淡地說：「你沒有對不起任何人。父母把我們養大成人，我們得感恩，但我們從來不是他們拿來炫耀的物品。你父母是你父母，你是你，作為他們的女兒，盡你該盡的孝，平時多關心他們，這就夠了。你過的是你的人生，你沒必要負債累累似的活成別人想要的樣子，你應該去過你自己的人生。」

對當時的我來說，在我活過的近二十年時間裡，頭一次有人鄭重地跟我說「你應該去過自己的人生」。

這段時光已經過去幾年了，我從一個不能讓父母驕傲的普通大學畢業，學了一個普通的專業。如今，當我跳脫那段時光去看，我並沒有覺得現在的自己活得很糟糕，哪怕我就是一個很普通學校畢業的不起眼的大學生，那又如何？我覺得我為自己的人生努力挺好的，我用力地讓自己活得精彩，我已不覺得自己對不起父母。

以一個過來人的身分來說，過分的孝道有點荼毒年輕人。從小教孩子孝順父母、尊重長輩，這沒有錯，但錯的是過分強調大人對孩子的付出，很容易讓孩子有一種愧疚感，覺得匹配不了父母對自己的好。說句有點過分的話，是父母把我們帶到這個人世間，他們有義務撫養我們長大，就像以後他們老了我們也有照顧他們的義務，這是公平的。父母不能總刻意地強調他們對我們多好，當父母老了，我們也不能刻意強調我們多麼照顧父母，或者覺得父母拖累了我們，這些都是為人子女以及為人父母該做的。

作為子女，我們應該更客觀地看待父母對我們的好，別總想著他們對我們很好，要好好聽話，好好努力學習，做讓他們喜歡的事報答他們，不然就是我們對不起他們，會讓他們丟臉，這是錯誤的。我們最該做的是接受他們對我們的好，活成我們自己想要的樣子，而不是畏畏縮縮一輩子都覺得對不起他們。

何為丟臉？沒考上名牌大學，沒考上研究生，沒考上公務員，沒按照他們想要的生活過下去就是丟臉了嗎？首先，我們沒偷沒搶，正大光明地生活著；其次，在我們十八歲之後，我們的人生就和父母的人生分開了，多幾次失敗也只是我們的失敗，並不是父母的失敗，你最該考慮的是自己以後該怎麼辦，而不是擔心給父母丟臉了；最後，我們沒有對不起任何人，出來闖蕩有錯就認，挨打就立正，自己搞砸的事自己收拾，自己的人生自己負責，我們活得盡心盡力，就不會對不起任何人。

還有，真正讓父母丟臉的不是你當下的失敗，而是未來你不能讓父母快樂地安度晚年。

之前，我看過一部心理電視劇，男主角覺得小時候繼父打母親時，他沒能保護好母親，覺得母親從小把愛給了他，給哥哥的少了很多，導致哥哥在監獄裡一夜白頭，他覺得自己沒有保護好母親和哥哥，於是一直很愧疚地生活著，他覺得自己對不起母親、對不起哥哥。背負這種愧疚生活了十幾年之後，他患了很嚴重的精神分裂症，在幻聽幻想的同時，還有思覺障礙。

他太過於自我反省，把責任負擔全部攬在自己身上，覺得是因為自己不夠好、不夠有能力，是自己對不起他們。心理醫生在治療的時候，一直跟他強調一件事：你沒有對不起任何人，你做得很好。

在結尾的時候，男主角的病情得到了控制，已經能繼續像個正常人一樣，恢復了工作和生活。他是一個電臺主持人，在電臺直播時跟聽眾說：「一直以來，我們總是習慣性地問別人『你好嗎』，而時常忽視自己的感受，這一次我想問自己一句『我好嗎，過得開心嗎』。」

相比於那類很自私的人，生活中的確有這麼一類人，愛得挺「無私」的。他們很善良，善於自省。他們關心別人的情緒多過於關心自己，怕自己做得不好而讓父母丟臉，會因為沒能讓孩子和愛人過上自己想要的生活而覺得對不起他們，擔心因為自己沒努力變得更優秀而讓父母、愛人和孩子被人瞧不起。他們最怕的就是對不起別人，讓別人失望了，而時常忽略這是你自己的人生，你做的很多事的出發點都應該是為自己，沒人需要你替對方活，你沒有對不起任何人，你該考慮的是：「我這麼做對得起自己嗎？」

或許，對於這類人來說，活得自私一點兒也許更輕鬆，但你不必活得如此愧疚，你可以努力，但千萬別負重前行。

很多事，熬過去了才敢說出口

一天晚上，我跟我媽視訊聊天，她開口第一句話：「每天晚上都有按時吃飯嗎？宿舍有零食、水果嗎？室友都在宿舍嗎？」這端的我一一作答。

接著，她又問：「你們這週都在幹嘛，有發生什麼好玩的事嗎？給我和你爸講講。」我很坦誠地回答：「一個室友週一去廈門找朋友了，一個室友回家去了，這週就我一個人在宿舍。」

在我講完這句話之後，我看到我媽的眼神分明黯淡了很多，緊接著我爸的臉出現在視訊裡，他說：「那你為什麼不回家啊，我們都在家，你回來該幹啥幹啥，我們也不打擾你。」

我搖搖頭說：「不想回去，我在這裡也挺好的啊。」

視訊那端，沉默了很久，我爸一直黑著臉，過了一會兒他開口說：「你怎麼不早說啊，早說的話，我和你媽每天晚上都跟你通視訊，陪你一下，免得你一個人無聊害怕啊。」我媽也在旁邊接了一句：「你這孩子，什麼事都自己撐過去後才肯告訴我們，生怕我們擔心。我們幫不了你什麼忙，但是可以陪在你身邊，讓你不那麼孤單，你為什麼不早點跟我們說啊。」

我在電腦這端嬉皮笑臉地說：「媽媽，沒事的，一個人挺好的，你看我這不好好的嗎，就別擔心了。」

其實，我父母知道，我活得大大咧咧看起來很獨立但其實挺怕晚上一個人待著的。以前，我一個人在家，從來都是把燈開一夜。父母知道我不喜歡晚上一個人待，所以很多時候晚上再晚他們也會趕回家陪我，而最重要的是，他們怕我在外面一個人無依無靠，怕我總悶著不出門，怕我不吃飯，怕我在外邊過得不好。

過去，很小的一件難過事，我都會跟他們說，跟他們訴苦，想被他們安慰。後來，遇到再大的事也都是悶不吭聲，寧願自己一個人把所有的難過心酸都消化了，也怕他們跟著擔心。也許有時候熬過去了，才會風輕雲淡地像講別人的故事一樣講著這件事，還一個勁地安慰他們「沒事的」。

二〇一六年十二月，一家出版社用我的名字出了一本書，屬於侵權行為。我頭一次遇到這種事，手足無措，不知道怎麼解決，心裡焦慮、委屈，更多的是難過。那段時間，我每天都挺煩的，但週五、週六依舊像個沒事人一樣，跟他們笑著視訊

＃寧願自己難過，也不要所愛的人擔心

聊天。

二〇一七年一月底，我跟他們聊天，無意間說起這件事，避重就輕地將事情的前因後果跟我爸講了，順帶著把我這邊的解決措施給他說了。他滿臉愁雲密佈地看著我。最後，我竟反過來一遍遍地安慰他：「你別擔心，這件事我能解決的，你如果總這麼擔心我，怕我怎麼被人欺負，你總這麼一副不開心的樣子，我以後遇到什麼事也不跟你說啊。」聊完，我爸算是被我哄住了。

晚上睡覺前，他突然跑到我房間說：「你這孩子，怕我們擔心，自己一個人吃再多的苦，心裡有再大的委屈也不跟爸媽說，非得自己一個人硬扛，真是辛苦你啦。以後遇到啥困難，跟我們說，也是可以幫你分解的，聽到了嗎？」

聽了之後，我又鼻子一酸，但依舊嬉皮笑臉地對他說：「我朋友跟我說『將來總有一天，你回望今天的時候會明白，摔了大跟頭的人，都是要做大事的人』，我以後是要做大事的人，你們就別擔心我了，這點事沒關係的啦，你女兒很強大的。」

其實，知道這件事前因後果的朋友都知道，當時近一個月時間，我的心情有多低落。因為這件事，我責怪自己很長一段時間，很多次被氣得想哭，然後抹掉眼淚，又一遍遍安慰自己：「我可以走過去的。」我也想過告訴父母，好歹讓自己不那麼累，有個人幫忙分擔一下，但最後還是放棄了。我當時的想法是，這件事煩我已經夠了，不想再去讓家裡人煩惱。過濾掉所有的不好，只想讓他們看到我生活得很好。

《請回答 1988》裡有一個瞬間，主持人問長大了的德善，如果可以回到過去，最想回去看誰，她想了一下說：「我想回到過去，看一看年輕如泰山般的父母。」

不管我們願不願意承認，我們的父母已經沒有我們想像中的那麼無所不能和強壯，那個厲害得讓我們從小怕到大的爸爸也真的有脆弱的一面。

二〇一六年，因為在未來規劃上的分歧，我跟我爸在電話裡吵了一架，我一個星期沒跟他說話，他給我發微信我也不回。有一天，我媽悄悄打電話跟我說：「那天晚上，你跟你爸吵架後，他一晚上沒睡，而且這一個星期一直在等你的電話，過得挺不開心的，你別讓他擔心，趕緊打個電話給他。」

然後，我給他打了電話，準備服個軟道個歉。結果，我爸先給我道歉：「爸爸錯了，不該過多干涉你的人生，但是你要知道爸爸的出發點永遠是為了你好。咱們隔得遠，吵架了，你不理我了，我也不能馬上跑去找你，我在家裡特別擔心你，也特別自責和難過，上班都沒心情了，以後有事咱就好好溝通。」

聽著我爸在電話裡跟我說這番話，我難過得要命。在我印象中，他一直都是嚴厲的。小時候，別家孩子都在玩遊戲，我必須得在家裡寫作業，他會很強硬地說「不准出去玩」；遇到不會的題目，我急得直哭，眼淚把書頁都打濕了，他依舊嚴厲地說：「這道題為什麼不會做？我剛剛講了一遍，你不知道用心聽嗎？」然後，讓我繼續做。當時的我也特別倔，一直哭，卻是不敢出聲，只能默默地抽泣。過了一會兒，他會拿一條溫濕的毛巾幫我擦眼淚。一直到現在，只要鬧彆扭了，我就把門反鎖著躲在被窩裡哭，他會用鑰匙把門打開，然後給我遞來一塊溫濕毛巾。

小時候，我最怕他查我的成績，稍大點了，最怕讓他看到我和哪個男孩子走得特別近，再大點，最怕讓他失望，讓他丟臉。現在，最怕讓他擔心我。這個過程完美詮釋了我是怎麼一步步長大的，以及他們是怎樣一點點變老了。

我要學會慢慢變得一點一點體諒他們。

我認識的一個作者朋友，說過一句話：以前我總騙我媽說我沒錢，現在我總騙我媽說我還有錢。

小時候，跟隔壁家的大花打架輸了，總會哭著回家非得拉著我爸去給人示威，美其名曰「讓他替我報仇」，後來，在外面受了再大的委屈也不肯在他們面前吭一聲，反倒會假裝自己過得很好。其實，我們只是真的怕讓他們擔心而已。

我總是特別俗氣地想，父母辛苦了一輩子，為自己、為生活、為工作，還有為我，他們已經吃了夠多的苦了，剩下來的生活，我只想用自己的能力去讓他們活得開心點兒，少操勞些。

離開他們，我在外面打拚，總會有各種委屈，也會有真正很難熬的歲月。而且我與這個世界交手越深，遇到的困難也會越大，我把那些麻煩事告訴父母了，他們也沒辦法幫我解決，也只能跟著擔心。麻煩已經產生了，那就努力想辦法解決，儘量少讓更多的人擔心。

所以，我寧願自己多難過一點兒，也不想讓他們跟著我一起擔心。很多事，我熬過去了才敢告訴他們。未來就讓我來當他們的大傘吧，幫他們擋風遮雨，撐一片美好給他們。

在夜裡，哭和想家都得忍著

一天，晚上十一點，我的微博收到一條私信，內容是：「長長姊，今天是我的生日，第一次離開家上大學，媽媽給我發了兩百元的紅包，可卻沒有在家時媽媽給我買三十塊錢的蛋糕過得開心。現在躺在床上，什麼聲音也沒有，真的感到很孤獨，而且室友也不知道今天是我的生日，所以想起在家時媽媽給我過生日就忍不住想哭，好想媽媽啊。」

這個女孩之前也發過私信給我，我也記得她的一些情況：一名大一的新生，第一次離開家在外讀書，每天都很想家，想回到父母的身邊，和室友相處得不怎麼好，性格挺內向的，最主要的問題是還沒習慣上大學後離家的生活，想回到父母的身邊。

透過她的私信，我都能想像出那個畫面：一個女生躲在被窩裡，邊抹眼淚邊拿著手機對我打下這番話，還不敢哭得太大聲，怕被室友發現了，最主要的是自己不好意思也不想讓人家知道她在哭。邊想著父母邊覺得委屈，甚至會回想起去年過生日的時候，家人陪在身邊的場景，會想起前不久還和家人一起在家的情形。越想越難過，越想越希望回到家，眼淚也就止不住地流出來。

可能你們會好奇，我怎麼這麼清楚其中的細節，因為曾經的我也是這樣。剛離家的時候，在外面受一點委屈就想父母，跟他們打電話，哇哇大哭地說著發生了什麼事，自己好委屈好難過，沒人陪，所有的一切都得自己解決，好無助。很多時候，電話那邊的父母聽到我不開心，他們也很焦急很難過地安慰我，我猜他們心裡也是難過地想著自己為什麼不能一直陪在我身邊。我爸對我說過最多的一句話就是：「對不起寶貝，讓你又受委屈了。」

父母的一句安慰當下對你很奏效，但掛完電話，你還是會繼續想家，那一地雞毛的煩心事也還得你自己一件件處理好。這是一條你得自己走下去的成長路，父母可以短暫陪你，給你一點鼓勵，但最後還得靠你自己。也是過了很久，我才明白：哭和想家都得忍著。

我明白離開家一個人過生日的冷清和孤單。想家和難過都是很正常的情緒，我很認真地陪著那個女孩聊著，我發了很長一段話給她：恭喜你，又長大了一歲，所以要做個堅強的大人。也許此刻你會覺得很孤單想家，很想陪在父母身邊，但咬咬

#擦乾眼淚後又是一條好漢

牙，忍一忍，這種難過的情緒總會消散的，你總得習慣這種感覺。雖然聽起來有種接受命運安排向生活妥協的意思，其實並不是。我無法具體跟你描述出你以後的生活會是什麼樣子的，但是我能肯定的是，總有一天你會長大，父母會變老，你不能一輩子依賴他們，受委屈了就想逃避，犯錯了就把爛攤子給他們收拾。總有一天你得長大，就像你此刻想依賴他們一般，總有一天，他們也會如此依賴你，希望你陪在他們身邊。你已經不再是一個孩子了，得堅強地成為他們的依靠，也許這一路很難，也許前面還有很多苦要吃，你可以哭，可以難過，但擦乾眼淚之後，你還得繼續努力往前跑。

有時候覺得長大挺殘忍的，長大意味著我們要離開熟悉的環境，離開我們愛的親人，去打自己的江山，不管你願不願意，這些都是必須要經歷的。我們長大得學會的第一件事：離家和忍住思念。

初離家的遊子，面對陌生的世界，或者不可預測的未來時，心裡多少是想家的，擔心自己不能應對未知的挑戰，感到前途迷茫。人體內本來就有一種對陌生環境的防禦心理，陌生的床、陌生的朋友、陌生的地方，怎麼看都不習慣，怎麼看都沒家裡好，所以會膽怯，會對未知的一切表現出怯懦，會想家、會難過、會不習慣，這些都很正常。

我爸是老師，我從小跟著他在學校長大。他上課的時候，我就在辦公室裡塗塗畫畫，或者跑到幼稚園教室門口，看那些大哥哥大姊姊在幹什麼，反正老師都認識我，偶爾也會混進去跟他們一起上課玩遊戲。當時特別不能理解：為什麼每天早上家長送小朋友來上學，大家都哇哇大哭，抱著家長不讓走呢？在學校跟小朋友們一起也挺好玩的啊。

這個疑問，一直伴隨著我到六年級結束。我讀初中的時候，我爸把我送到教室，他轉身離開的那一刻，我淚崩了，還怕被人看到丟人，只敢聲稱肚子不舒服趴在桌子上，偷偷抹眼淚，然後每天掰著手指數還有幾天能回家見到我爸。

所以，在我上學的時間裡，一直覺得每週最幸福的就是週五，因為離希望越來越近，我又可以回家待幾天了；最享受卻又最擔心的是週六，在家玩得很開心，但又很難過，轉眼一天就過沒了，明天又要去學校了；最折磨人的是週日中午，每次都在家磨磨蹭蹭地吃飯，吃好久，一是想找個理由在家多待一會兒，二是又要去學校補課了，又得掰著指頭數著還有幾天才能回家了。

這種想家情緒爆發的最高點，是在我讀大學之後。

就跟私信我的女孩一樣，我本身也是一個心思敏感細膩的人，有特別多的情緒，感情充沛，也是從小被家裡人寵大的。當一個人在外面讀書的時候，最初也是挺難過的。

記得我爸把我送到學校後，安頓好我，帶我吃了頓飯，就說要回家了。因為我開學的那天，是工作日，他是請了假送我來學校，他得馬上趕回去給他的學生上課。當時，我挺捨不得的，卻連留一下他或者抬頭多看一眼他的勇氣都沒有。我怕我一抬頭看他，眼淚就出來了，我這人挺好面子的，在家人面前也是，不願意輕易讓他們看到我的脆弱。

我假裝淡定：「那我送送你吧。」

我爸說：「你自己都分不清東南西北，老實待在宿舍吧，我一個大人，不用擔心我，迷不了路的。倒是你，一個人在外面要好好照顧自己，要好好學習，沒錢了告訴我，有事就打電話給我。」我低著頭一個勁地「嗯」。然後我爸就走了，聽著他離開的腳步，我轉身擦乾眼淚，然後跑到陽臺看著窗外。過了一會兒，看著他從宿舍樓出去，還不斷回頭看，我小心翼翼地躲在窗戶後邊，看著他在我的視線中越來越遠，我眼淚止不住地流。

那短短的兩個多小時，我每隔十分鐘就給他發一條短信，問他「出校門了嗎？」、「坐車了嗎？」、「到哪了？」我怕我爸迷路，我真的好想送他，除去不捨得的情緒，我恨自己不夠強大。我擔心我爸迷路，哪怕他是個大人，就像他擔心我一樣，我也擔心著他。那一刻，我在心裡一直對自己說：「我一定要在這裡生活得很好，要真正有能力對我爸好，而不是只能沒用地擔心著，以後有一天，他來了我能接他，他走了我也能送他回家，我要用實際行動對他好。」

剛開始，我也想家，每次和家人打電話都特別開心。每次回家之前，都要提前準備好久，激動很長時間。

後來，我的每個生日，也都不是和父母一起過的。第一年，是和室友一起過的，寢室幾個女生關係都挺好的，不論我們誰過生日，剩下的幾個人都會熱熱鬧鬧地給她慶祝，會買一個很大的蛋糕。通常，在過生日的晚上，我們幾個會買一堆零食和飲料，然後搬著軍訓課用的小板凳圍在幾張椅子搭起來的桌子邊，聊著天吃著零食，還玩著真心話大冒險。大家真誠且交心，會讓你覺得生活其實也可以這般熱鬧，哪怕一個人在外。

第二個生日，是室友和當時的男友幫我慶祝的。因為是二十歲生日，他給我買了一個很漂亮的雙層蛋糕，我們一樣玩得很開心；第三個生日，也是和他們一起過的，包括第四個生日，哪怕當時的我已經和男友分開了。正值畢業季，很多朋友也不在學校了，我依舊過得很熱鬧，雖然生日當晚發生了些事有點不那麼開心，挺狼狽的，但有最好的朋友，有美食，有酒，有最美好的青春歲月，照常熱鬧。

當然，我說我生日過得很好，並不是為了說明我人緣多好，只是想簡單表明一個事實：哪怕父母不在你身邊，你也有權利和義務讓自己過得開心快樂。可能夜深人靜你會想家，你會難過，但是你總不能讓你的情緒都被思念覆蓋，你得有你自己的生活和朋友。做一個特別不好的假設，哪怕有一天你的親人不在了，難道你就要放棄生活，放棄快樂嗎？生活是自己的，讓自己過得開心快樂是你對自己的義務。

我也希望在我生日的時候能吃到我媽媽煮的麵條，裡面還要加一個蛋。但是現實情況是，你現在一個人在外面，那是你的生日，是你爸爸媽媽家人都希望你快樂的日子，哪怕他們不在你身邊，但為了讓他們放心，你也得自己開心熱鬧。你照顧好自己，讓自己開心了，他們在家裡也就放心了。

每個在外漂泊的遊子心裡，都有一塊柔軟的地方，那是只屬於親人和家庭的，他們也會想家想親人。作為一個成年人，你得堅強點，擦乾眼淚，還要繼續生活。

我一直堅信：生活過成什麼樣，是你的選擇，過得淒涼還是熱鬧也都是你的選擇。你可以想家，可以戀家，但是千萬不要讓家成為你的牽絆，它應該是你的鎧甲，而不是逃避現實的理由。現實生活可能挺難的，也有挺多挑戰，畢竟沒人會像你父母一樣寵你，處處關心你的情緒，但是為了讓自己活得更精彩點，為了以後某一天真正有能力成為保護父母的大樹，為了讓他們放心，你也該堅強努力勇敢地活得更精彩。擦乾眼淚，收拾好心情，天亮後又是一條好漢。

你的善良，自有天相

我正在寫稿子，好朋友L給我發訊息，他說：「長長，我剛剛跟一個找我約稿的編輯聊了幾句，我發現他的朋友圈裡有你們的互動，感覺你們還算挺熟的，你認識他嗎，覺得他怎麼樣啊？」

在我寫稿時，除了特別緊要的事情，一般我不會回覆別人的訊息，因為一旦開始了第一句，就會一直聊下去，容易打亂我的思路。但看到L說我們之間有互動，看起來挺熟的，讓我聯想到一個特別好的朋友，於是我回了一句：他叫什麼啊？

L把那個編輯的名片推薦給我：「就是他，你覺得他人怎麼樣啊？我這個人合作首先是看人品和責任心，如果你認識的話，跟我講講你瞭解的一些關於他的事。」

其實，我挺不愛在背後評價一個人的，總覺得你想要瞭解這個人，你自己深入接觸就可以了，我的感受終究只是我的，並不具有太多參考價值。硬要問我一個人怎麼樣，我只能特別籠統地說一句「還行吧，具體得看你和他接觸」。

這次L提到的這個編輯朋友，恰是在我最困難的時候幫過我的，在我最難過的時候，他特別耐心開導我幫我想辦法。一來他的好是既定的事實，二來我也是特別私心地想幫他一下，想在他的合作夥伴面前如實詳細地誇一誇他，所以我想把我知道的關於他的好都跟L說了，我也希望能幫他促成這次的合作。

我存了一下文檔，然後特別「多事」地跟L講了很多關於這個編輯的事。

在我和他還不是特別熟的時候，我遇到一個麻煩，內心挺煎熬的。當時已經是晚上九點多，但我急於想找人訴說，想到的首先是他。哪怕我們私底下並沒聊過幾次，但他就給我一種很信任的大哥哥形象，於是，我抱著試試的心態給他發了一條訊息：我現在遇到一件事不知道怎麼做決定，內心挺糾結矛盾的，你有空的話能跟我聊聊嗎，我想聽一下你的建議。

當時我們還不算特別熟悉，但莫名其妙地，我就是肯定他會回我的訊息，我要的答案他能給我。很快，他回覆了我，然後耐心地開導我。我很坦誠地跟他說了我心裡所有成熟與不成熟的顧慮，他並沒有以一種大人的姿態嘲笑我想法太稚嫩，反倒安慰我說：「咱們性格挺像的，我之前遇到一些事也會跟你一樣，哪怕被人欺負了還擔心自己的反抗會不會傷害到別人。你不用自責，這是善良，並不是什麼壞事。」在那一刻，我的心裡真的是很感激的，在所有人都以一副大人的姿態說我太年輕稚嫩單純時，在我懊惱自責為什麼沒能變得再聰明一點兒時，他用一句善意的話，瞬間撫平了我心中的所有疙瘩。

在聊天過程中，也有一些他不太明白的事，他也是很直接地說：「我對這一塊不是特別瞭解，不過我室友知道，而且他是一個情商很高的人，他馬上也要回來了，等會兒我問問他，你先別急。」不知道為什麼，他這句話讓我覺得很好玩，就像小時候別人找我問路，我不太知道時說的「你等一下，我幫你問一下我媽，她很聰明的」，就像讀書的時候，我喜歡的一個好朋友問我一個題目，哪怕我不會，也要說「我等會兒幫你問一下我同桌」，這些都能給人一種很安心很療癒的感覺。

「我問問別人，再告訴你」，是一種真正想幫你解決問題的熱心姿態。我不知道這件事，但是我可以幫你問一下我認識的人裡面可能知道這件事的人，我想幫你解決並不只是嘴上說說而已，打嘴炮誰不會，真正落實到行動中幫你解決的人才是真正想幫你的人，而且在遍地都是明哲保身的「聰明人」面前，他的這一句很簡單很樸素的話，深深打動了我。

過了一會兒，他的室友回來了，他幫我問了室友，然後轉達給我他室友的建議。都說患難見真情，在那之前，我見了太多生活的薄情，但那天晚上，在他身上，讓我真心感受到生活還是溫暖的。

還有一個小細節，當天他花了一晚上的時間來開導我，在結束當晚的對話時，他說：「我明天早上上班幫你問一下公司的同事。」坦白說，這是一句很客套的話，就像「改天我請你吃飯」、「咱們再聯繫吧」、「下次再說吧」，是我很習以為常沒有明天沒有以後沒有希望的客套話。

讓我特別感動的是，他們早上九點上班，他九點過三分就發訊息告訴我，他幫我問的結果。我是一個對細節很在意的人，就是九點三分這個時間點，讓我覺得他真的對這件事很上心，他知道我對這件事特別上心，一上班就真的幫我問了。

九點三分，收到他微信的那一刻，我真的是感動得不知道說什麼了。哪怕這件事的後續也還得讓我自己去解決，但是他滿滿的真誠讓我很有力量，似乎這不是我一個人的戰鬥，哪怕我是沖在最前面的那個人，但有人願意在後面默默幫我，這份支撐和鼓勵真的足夠我走下去了。

握著手機，我不知道回他什麼，過了好一會兒，我說：「真的很謝謝你，你真的幫了我很多。」我很感動，但是我也不知道怎麼道謝，只能一個勁地說「謝謝」。他很快地回了：「也沒幫你多大忙，舉手之勞而已。」我的心一直是暖暖的。

很多時候，你的舉手之勞，真的可能給別人很大的幫助和力量。

我是一個很在乎人品和細節，又是一個很懂得知恩圖報的人。這件事讓我看清了很多人，失去了很多，也收穫了也很多。因為這件事，我告訴自己要和他成為好朋友，因為他真的是一個很值得交的朋友。

我跟身邊的朋友講過很多次和他的故事，朋友都說他真的挺好的挺善良的，尤其對你這樣一個還不熟悉的人，他壓根沒必要對你開導這麼多，可見他真的很好。我跟身邊的朋友說，如果以後還有機會，我一定要和他合作，對陌生人都這麼善良而又負責有耐心的人，對自己的合作者肯定也很負責。

大概花了一個多小時，我跟L講了我眼中的他。L說：「我從沒見你花這麼久的時間跟我誇一個人。」我說：「那是因為他真的很好。」L說：「你也知道，我是一個很在意合作者人品和責任心的一個人，那我去跟他深入聊一下後續的事情吧。」

我估計，L大概跟他聊天也提到了我。過了一會兒，他來問我：「L說你跟他講了很多關於我的事，並花了很大的精力誇了我一通。」在他那句「謝謝」還沒說出口之前，我忙著說：「咱倆誰跟誰啊，再說了，我說的根本就是大實話啊，甭跟我廢話，去抓緊好好談合作吧。」

坦白說，我不知道他們最後會不會合作，但是我相信這麼善良有責任感的他肯定會有很多人幫助的，比如我，就是他的一個大號行走的代言人。

我是一個偏好很明顯的人。我若討厭一個人，並不會到處大嘴巴說對方怎麼怎麼壞，對方的這份壞收藏在我心裡就好。倘若我很喜歡一個人，我會很坦誠地向我身邊所有的朋友介紹對方，說對方怎麼怎麼好，我會跟同行誇對方很棒，如果有朋友想找我推薦合作夥伴，我第一個想到的肯定也是對方，而這一切只是因為：曾經在我落魄的時候，對方用善良幫過我，走出來後的我，也想繼續延續對方的善良，幫助更多的人。

我覺得，一個人的善良好心大家都是會看到的，一傳十，十傳百，你怎樣對別人，別人就會怎樣對你，你的善良裡存著你的運氣。

我的「朋友圈」裡有一個大家公認的善良的「大神」，他就是暢銷書作者李尚龍，我不止一次看到同行朋友寫文章或者發文字誇他，包括我自己，也是他的粉絲，因為他真的特別好。

他的新書上市了，大家都是特別自發主動地在「朋友圈」、微博幫忙轉發宣傳，會很用力地向讀者朋友們幫他推薦。而其中大多數的人，應該都跟我一樣，在與龍哥的接觸過程中，被他的善良沒架子的熱心感動過。

二〇一六年，我出了一本書《我哪懂什麼堅持，全靠死撐》。當時，我想找龍哥幫忙寫個序，也是下了超級大的決心才去找他，畢竟當時我還只是一個無名小卒，那時他的書已經很暢銷，是「大神級」了。我做好了被拒絕的準備，也做好了他不回覆我的準備，想著「我就為自己爭取一下，他要是不理我那也沒關係，理我了我就賺了」。

他回我訊息了，還特別耐心地跟我溝通，真的是一點居高臨下的架子都沒有。因為一些別的原因，他只能幫我推薦一下，最後還一個勁地對我說「真的很抱歉」。本來是我找他幫忙，他可以拒絕，或者很直接地說我只能這麼幫你，這都是挺合情合理的，但是他最後竟然跟我說抱歉，他很尊重我，跟他相處起來也感覺特別舒服。

後來，我跟一個姊姊聊起他，姊姊當時也說，跟龍哥私底下沒有很多交流，但僅有的幾次都明顯覺得龍哥人特別好，一點架子都沒有，而且為人特別仗義。慢慢地，我發現，真正成大事的人，他們的胸懷其實真的很寬廣，他們的境界更高，更懂得不吝嗇地幫助別人，因為他們知道，有時候看起來自己很不經意的舉手之勞真的能幫到別人，而且很多時候，幫別人的同時也是在幫自己。

二〇一七年三月，龍哥的第三本新書上市了，「朋友圈」裡很多人，包括我也是自發地說：「龍哥，你的那篇文章給我授權一下，我在我平臺幫你推一下，雖然平臺不大。」他也是特別禮貌地說：「好的，謝謝長長。」

那段時間，我看到圈內很多朋友都主動用自己的資源特別用力地幫他宣傳新書，挺壯觀的，我想這種好人緣肯定跟他私底下熱心幫大家有關。

很多人不願意幫助別人，覺得幫人是一件挺浪費時間回報率很低的事。但生活裡很多事都是將心比心的，別人對待你的態度取決於你對他的態度，這世上沒有白走的路，你走過的每一步都算數。

我始終堅信：善良的人，自有天相，你的善良裡藏著你的貴人。你可以不乖，但千萬不能學壞。祝福每一個善良的人。

我這麼努力，就是想和你做一輩子的朋友

一天晚上，我的男閨密假裝跟我閒扯，發訊息問我：「最近過得怎麼樣？」我心裡想：「這人屬於幾百年都不會問我在幹嘛的人，有事都是直接說，今天跟我這麼客套，肯定有情況。」

於是，我開玩笑似的回了句：「你怎麼了？分了嗎？」那句「分了嗎？」還在旁邊加一串笑哭的表情，他非常無奈地回了句：「你就不能盼我點好，開口就咒我，跟你說吧，我又升職了。」

看到這句話，我便直接打電話給他了。他剛接通，我就在這邊很激動地說：「天啊，你好厲害，又升職了，恭喜恭喜。」他在那邊回應我說：「工作一年半，現在成了行業經理，升級了兩次，還算不錯。」

我豪爽地說：「真的已經很不錯啦，要是有天我沒飯吃了就去投奔你吧。」他笑嘻嘻地說：「來呀，有時間來這邊玩，保證有吃有喝，而且有幾個朋友也在這

好的友誼讓我不斷前行

邊，你有空了就過來玩。」我在這邊忙答應：「好好好，你真的很棒。」

聊了半天家常，他突然特別認真地跟我說：「其實，你知道嗎，你一直很激勵我。國慶日回家，看你過得越來越好，還沒畢業就有自己的小事業，做著自己喜歡的事，每天的狀態很好，讓我覺得我要加把勁，不能落後你太多，不然太丟人了。而且如果以後你走得太快，說不定咱們朋友都做不了了，所以現在我趕上來了，你可別落後，好好幹。」

說實話，聽著他這番話，我心頭一暖。我的努力帶動身邊朋友努力，我感到自豪和滿足。我在電話這頭大笑了幾聲，然後說：「認識了七八年，你是我僅剩不多的好朋友，我才不捨得丟棄呢，把心吞回肚子吧，咱們一起努力，變得更好。」

聽了他內心的想法，我也開始懂了他今天找我聊天的目的。其實，我們已經算是那種很久很久不聯繫但還是好哥們的那種關係，他主動找我聊天，只是想告訴我他也在努力，他也進步了，也想用相同的方法來激勵我：你得加油了，看我現在這麼棒。

想起在此之前，我和閨密約好第二天一起逛街，前一天晚上，我對她說：「我跟你說，我今晚要熬夜趕稿子，明天估計要起很晚，決定不洗頭直接去見你了，到時候你別嫌棄我啊。」

過了一會兒，她回覆我：「我明天也不想洗頭，我也早起不來，到時候我們直接素顏相對。」我說：「來吧，互相傷害，又不是沒有見過彼此最『樸實』的一面。」

然而，哪怕當天晚上我熬夜到特別晚，第二天早上鬧鐘一響，我竟然一骨碌爬起來了，瞇著眼去洗漱，搭配好衣服化全套妝。當然，也洗完頭髮了。

當我捧著奶茶等閨密時，還略帶心機地想：「兩個月沒見，她看我第一眼會誇我漂亮嗎？難得今天這麼用心打扮一番。」結果，我看著她搖曳著紅裙子從遠方走過來，簡直美死人。

我倆互看對方之後，相視一笑。我說：「你是不是又變瘦了，身材越來越好。」她拉著我的衣服說：「這件衣服好好看，為什麼你買的衣服都這麼好看！」然後，我們手挽著手去逛街了。

當然，我們還是會偷偷在心裡比較對方。我會想：「她又變瘦了，穿衣服更好看了，她的眼妝好好看，她舉止談吐都好有氣質，對比之下，我好遜。」我會默默記下她變好的地方，激勵著自己努力變得和她一樣好。

有段時間，我特別灰心喪氣，幹什麼都提不起勁。那時，我每天都跟她聊天，她會告訴我自己社團取得了哪些榮譽，學業有哪些進步，業餘愛好有多麼豐富。聽完她講的那些之後，我會在心裡隱隱覺得我落後了她太多，總覺得我們是朋友，我不能落後她太遠。然後，我憋著一口氣，奮進。

我也曾對閨密說：「你是激勵我努力的直接動力，看到你變得越來越好，我從來不是嫉妒，而是希望跟你一樣越來越好。」她也笑著對我說：「於我而言，你對我又何嘗不是一種激勵呢！」

有這麼一句話，是形容女生之間的友誼：我希望你變得更好，但不要比我好。大多女生都善妒，都想成為最好的一個。這種心理，從另一方面理解就是：看到你那麼好，我也想努力變得更好，想和你做一輩子相愛不相殺的好朋友。

我們總是說要找一個勢均力敵的愛人，而好的友誼也是勢均力敵的。

小時候我們有很多朋友，中考、高考會砍掉一批，進入社會之後再砍一批。不是說你的好朋友一定要跟你一樣優秀，但至少是你在進步，你好朋友也要進步，然後你們有共同的話題、興趣愛好才能維繫這段關係。

說句特別功利的話，在進入社會之後，人際關係很複雜，你真的沒多少精力去跟別人瞎扯，你更多會選擇和那些能夠給你好處或可以互助的人保持聯繫。

在你的一生裡，你的每個朋友都有他相對的功能，有人是你的治癒劑，有人教你為人處事，有人能毫無保留帶你學習。每個人都是被你需要的，於你而言，他們的存在都是有意義的。

想要維持友情最好的辦法，從來不是說天天找對方聊天、天天跟他說話，而是努力跟他一起進步而別被甩得太遠。就表面而言，哪怕你表現得再差，你們都會是一輩子的朋友，但我不想這樣，在他們努力拓展自己的人生時，你也要努力提升自己。進入同一個圈子，成為同一個檔次的人，真的很重要。

好的友誼，能激勵你進步。曾有人對我說：「我發現你認識的幾個朋友都很厲害，他們都在不同的領域有所特長，而且都做得風生水起。你看人的眼光真好，交的朋友都特別棒。」

我笑著對他說「沒什麼」，心裡卻在想：「簡直一派胡言。我和他們幾個從高中就認識，當時大家都普通得掉渣，不是班上老師寵愛的優等生，也不是積極活躍分子。今天的一切都是靠我們自我努力和彼此激勵得來的，我們可不是彼此看對眼的潛力股。」

我們幾個人組的小圈子，除了平時聊些沒營養的八卦話題，還會很認真討論如何努力變得更好；除了分享好玩的東西，也會分享彼此的經驗。我們幾個人都很普通，卻都不甘人後，看到一個朋友進步了，就會咬著牙追上去，從來都是處在你追我趕互相進步的狀態。甚至還時常開玩笑：「我這麼努力，就是想跟你們做一輩子的好朋友，就是希望有一天功成名就之後，我們還能一起喝酒。」

有時，你得相信朋友的激勵作用真的很重要。我每天跟閨密聊情感聊八卦，她還會有意激勵我：「我又瘦了，你加油哦！」作為一個不合格的女生，有時懶得去關注好的化妝產品，從來都是閨密跟我推薦，然後讓我去買。有時被生活惹哭，從來不是安慰我放棄，他們總是會告訴我：「我也經歷過，可以熬過來的。」

有時，我情緒特別低落消沉，我會說：「要不，我接受生活安排的一切吧，妥協了吧，太累了。」他們會冷嘲我：「你是不是要放棄我們了，別放棄啊，爬起來努力啊。」我有幸認識這麼一群努力積極的人，相互鼓勵，相互影響，一起變得更好。

我曾在一個作者朋友沮喪時對他說：「比起讓你永遠混不好，我更希望你能趕緊紅起來，我是不會嫉妒你的，因為我打算跟你繼續做朋友，我想要強強聯合的友誼，所以我希望你過得好。你要努力變得更厲害，你趕緊振作起來，加油吧。」

我們終其一生，只想找到這麼一批能互相激勵的朋友，好的友誼能讓我們共同進步，能激勵我們不斷前行。

人一輩子，無非是一路的失去

「人這一輩子，無非是一路地失去，天長地久這種東西，正因為難得，才被歌頌，習慣了也就習慣了。」

刷微博的時候，無意間看到這句話，被深深吸引住雙眼，挪不開。

年少時，特別喜歡永恆，總喜歡撒潑打滾把自己想要的東西留在身邊。小時候，我和表哥們一起玩開心了，便不想回家，一心想留住那樣的好時光，想永遠那樣一起拿著冰棒，看著動畫片，求著媽媽：「我還想在這裡玩一天，我們明天回家好不好？」

拗不過我的媽媽沒辦法，只得讓我再在表哥家玩一天。對我而言，除了多出一天的快樂時光，更重要的是我學會了珍惜好時光，感受到了「捨不得」。

一直以來，我都無法把握「捨不得」這個詞，我不知道用「捨不得」這個詞去形容一個人究竟是好還是壞。反正，在已經過去的二十幾年裡，我用眼淚、笑容和脾氣詮釋著我的「捨不得」。

六歲時，哥哥送我的恐龍玩具的尾巴被弄斷了，我哭了一天，家裡人安慰了我好久，說再去給我買一個。可我固執地嚷嚷著「你們買不回來我的恐龍了」。在我心裡，哪怕再買回一個新恐龍，也真的不會有原來的好，因為我跟它說過好多悄悄話，它陪我度過了好長的歲月，我對它的情感是不能被取代的。

哭了一天之後，我把它裝進一個空鞋盒子，放了起來，也沒嚷著要再買一隻恐龍。我的童年，只有那一隻斷了尾巴的恐龍。前幾年，大掃除的時候，我找到了它，那個盒子裡還裝著被弟弟撕壞的睡前音樂盒，還有各種有缺陷卻實實在在承載我很多記憶的小玩具。因為捨不得，我成了媽媽口中念舊的人，我一直捨不得丟掉它們，以後也是。

十二歲時，我第一次離開家去住校。爸爸把我送進教室，讓我好好上學，我看到他眼眶裡紅紅的「捨不得」。我當著他的面，忍住不哭。

他說「好好上學」、「好好聽話」，我點頭；他說「怕你不習慣，過幾天我會來看你的，你別不捨得我」，我點頭；他說「我走了」，我不敢正面看他一眼，不敢答一句話，我怕稍微輕舉妄動眼淚就出賣了我。等我爸轉身後，我馬上用袖子擦掉眼淚，一直看著他離開的背影，直到再也看不到了。

學過一篇課文，是朱自清的《背影》，很有同感，我一直認為：其實，站在原地看遠去的背影的那個人才是最捨不得最痛苦的，想追不能追，想留不能留，只能默默注視著背影一點點離開。

過了這麼久，我一直都怕成為留在原地看別人背影的那個人。很多時候，我竟會很脆弱地忍痛轉身，讓別人看著我的背影。我真的捨不得看別人的背影從我視線裡一點一點消失，我不忍看。

十二歲時，我和大我兩歲的堂姊一起被送到學校，我一直鬱鬱寡歡，她只難過了一節課就快速打起精神認識新朋友。我開始明白了，對於離別，對於捨不得，每個人的反應是不一樣的，我是比較遲鈍的那一個。

十三歲時，相處六年的好朋友加玩伴搬家走了，我們失去了聯繫，是至今的一大遺憾。

十四歲時，分了一次班，沒能分到我最喜歡的語文老師班上。我趴在桌子上哭了一節課，覺得以後遇到的所有老師都不會比她好。

慢慢長大了，生活裡依然有太多的捨不得。我是一個對生活很敏感又有很遲鈍的人，總能在一開始就嗅到離別的情緒，卻又在結束後很久很久了都不能釋懷。所以，面對捨不得丟掉的人，我嘗試用起小時候的把戲：撒潑打滾，只要能留住。

十九歲時，為了維持一段已經破碎的關係，我裝作不知道他喜歡別人這個事實，把自己圈在自己的世界，一遍遍告訴自己：「他個性就那樣，他還是喜歡我的。」

於是，我努力當起不哭不鬧不管的大方女孩，打碎牙往肚子裡吞，然後一次次自欺欺人地對自己說：「一定要變得越來越好，他總會喜歡我的。」

二十歲時，跟朋友鬧矛盾，我是主動邁出和好腳步的那一個，我是厚著臉皮說出前因後果解除誤會的那個人。我之前也驕傲得不得了，我會想：「我對你這麼好，你誤會了我，失去我這個朋友是你的損失，你不跟我道歉，我憑什麼要跟你道歉？」

現在，我會把那些過分的自尊、好面子丟在一邊。朋友們都說我是一個成熟懂事大度的女孩，不計較被誤會，還會主動解釋清楚。其實，並不是我懂事，只是我珍視這份友誼。

二十一歲時，因為不想失去一個還滿喜歡的朋友，在看完《從你的全世界路過》後，還沒出電影院，我就很直白地給他發了一段訊息：「你知道我為什麼千方百計要建立我們之間的聯繫？我從不願順其自然地丟掉，我發現人與人之間的聯繫很脆弱，稍轉身，一個誤會，都能讓一個人永遠離開另一個人的世界。至少，我此刻還沒做好讓你完全路過我全世界的準備，你就好好留在這裡吧。」

他特別訝異，好奇一個女生怎麼會對他如此感情充沛。哪有別的什麼原因，只是單純的「捨不得」。

二十二歲時，在固有的圈子裡，因為一些事鬧得不太愉快。與我們相好的那個大男孩，開始有意想劃清寫作圈與生活圈的聯繫。從前，每天聊不停、每個人都很亢奮的群組，一下子沒有人活躍了。我和另外一個女生朋友說，很懷念以前無話不說的簡單快樂日子，我們兩個女生特別厚臉皮地告訴他：「你快回來吧，我們都很想紅了的你，都等著你，說好的『四兄弟』不離不棄，怎麼能少了你呢。」

用王菲〈匆匆那年〉的一句歌詞來說：對於有些人我們實在是太捨不得，寧願選擇藕斷絲連相互虧欠。

但哪怕我已經這麼自私任性又賴皮，一路走下來，依舊失去了很多東西。

小時候和我在一起玩的表哥，現在變得一點也不有趣了，因為忙著做生意，忙著賺錢，我們也很久沒有像小時候那樣一起看電視吃冰棒了，我也越來越不想去找他玩了。

有一次，我媽打電話提醒我：「別一心工作把自己悶壞了，舅媽、表哥都和你在一個城市，有時一個人太無聊了，就去找哥哥們玩。」我想都沒想就拒絕了，因為他們現在可無趣了，再也不是小時候的表哥了。

近來，每一次離家之前，我都會給爸媽留下許諾，我說月底我會再回來的，或者下次放假我直接回家。然後，他們開心地看著日曆，數著日子。每次離家，他們都要親自把我送上火車，像小時候的我看著他們的背影一樣，看著火車帶著我的背影慢慢離開。

越長大，心中裝的東西越多，更急著想幹出一番大事業。每次回家，我都能明顯感受到曾經像大山一樣給我依靠的父母越來越老了。有時，在街上看到年老的爺爺奶奶，我會禁不住發呆去想，再過一些年，父母也會這樣了吧。一邊想著快點長大，一邊又好怕有一天會失去他們啊。

靠裝傻維繫的感情還是破碎了。愛情從來不是靠委曲求全，更多得靠相互吸引和真正的愛，男人對女人的疼愛、寵愛，女人對男人的崇拜、愛慕。

身邊的人，不停轉換著。有喜歡的人離我越來越遠，有喜歡的人還在原地，我在想辦法一點點靠近他。也許曾經無話不聊，卻不知道從哪一刻開始，我們再也沒聯繫了。隔一段時間，我又會認識很多朋友。關係很好且穩定的朋友就剩那幾個了，哪怕很久不聯繫，友誼卻還在。

我捨不得的這個壞毛病，一直沒改。偶爾想起許久沒聯繫且關係變淡的朋友，我會傷感。想起父母一點點變老，我會突然落幾滴淚。我喜歡的人不喜歡我，我會難過；喜歡我的人我不喜歡，看到對方難過，我也會難過。

捨不得，容易讓人心軟，讓人很難下定決心去做一件事，會背負太多東西放不下，會情緒太細膩，情感太多，但也因此會很長情。

可我知道，這世間很多東西不是一句「我捨不得」就能留下的，我們唯一能做的是，趁電影散場之前，和身旁的人好好共用這一刻，後面的日子，哪怕真的不能相互陪伴，我們也要好好的，我們盡可能帶著彼此的好繼續努力生活。

Part 4

我曾手忙腳亂地愛過你

喜歡你在前，理由在後

「他為什麼會喜歡我？」

這或許是每個戀愛中的人都會問的問題，瑤瑤也不例外。

剛在一起的時候，忙著泡蜜罐，時間久了，她總會問男友大華「你為什麼會喜歡我」。男生哪懂得回答這個問題，「因為喜歡你，所以喜歡你啊。」他想把問題敷衍過去。瑤瑤很不滿意，非要大華說得具體點。大華也拗不過她，就說：「因為你很漂亮、體貼、善解人意，也很喜歡我。」

這下子瑤瑤更不滿意了，揪著大華說：「你是不是因為我喜歡你，才喜歡我的啊？」

大華覺得百口難辯。

後來，瑤瑤翻到大華前女友的微博，發現照片中的女孩跟自己一樣，長頭髮，瘦且高，瑤瑤覺得自己和大華前女友各方面都很像。

＃憑著賀爾蒙去愛，沒有為什麼

瑤瑤跑來跟我哭訴說：「大華可能沒放下前女友，才和前女友很像的我在一起的，他都說不出喜歡我的地方。」

我安慰她別這麼沒自信，「你可是集美麗和才華於一身的女神呢」，一邊忙著跟大華聯繫，問他到底是怎麼回事。

大華說了一番在我看來滿真心的話：我長得不是很帥，有時還有點無趣，只剩下有點錢，她又不稀罕我的錢。她能跟我在一起，我就不會去想太多「她看上我的什麼」，我對愛情的要求不高，在一起就是愛了。愛上她之前我沒想過原因，但若真要說喜歡她的原因，大概是和她在一起之後發現她善良、大方、性格好，還有對我也很好。

我被大華的這番話感動了，然後回去對瑤瑤說：「別管對方因為什麼喜歡你，也別糾結他是不是還沒放下誰，現在他跟你在一起了，就是愛了。」

電視劇裡面，每次都會在男主角喜歡女主角之前刻畫一件小事，來烘托女生的善良、聰明、單純，值得被人愛，然後用這些特質去打動男主角的心，但生活畢竟不是電視劇。

喜歡一個人，不一定要解釋得很清楚，更多是悄然無聲地喜歡上了一個人，根本不清楚原因。

有一天，零點過後，我想跟閨密聊天。深夜，是人心理最脆弱的時候，彼此心中都有自己解不開又丟不掉的結，剛好借機互相安慰，我就問閨密：「為什麼我都喜歡上了讓我糾結的人，完全是剪不斷理還亂？」

閨密嘲笑我說：「你看別人的感情比誰都清楚，這下子自己栽跟頭了吧，這是當局者迷旁觀者清。」

我說：「大概是當我喜歡上他的時候，預先設下的理想男友標準在見到他的時候全部失效了。荷爾蒙急速上升，來不及判斷他的各方面品質在不在我喜歡的範圍內，感性比理想先行動了，就這樣喜歡了。」

閨密說：「那你喜歡他什麼？」

我說：「喜歡上的時候，完全是憑感覺，哪裡知道原因？後來知道原因了，才發現與我想像的不一樣。」

然後，閨密開始吐她的苦水，說她也稀里糊塗喜歡上一個無法繼續喜歡的人，現在想迅速抽離。

大晚上聊這個，也的確很令人沮喪。為了鼓舞彼此的士氣，我說：「下次，我們一起遇到一個普通的男生，談一場正常的戀愛，看清楚了再喜歡，省去很多麻煩，也不用這麼猶豫再三。」

閨密也是一個很坦誠的女生，說：「我很清楚，下次，我們也不會完全按照自己的要求找對象，我們要能控制自己的喜歡，那還得了！」

我苦笑了一下，回她：「是的，『喜歡』這個東西聽不懂人話，完全憑著感覺橫衝直撞，它才是世上最不按常理出牌的。在我們搞清楚狀況之前，我們已經喜歡上了。」

之前，有個男生朋友跟我抱怨他的女朋友：「我懷疑她是不是因為看中我以後會賺錢才跟我在一起的，她買的東西都很貴，我有點受不了。」那個女生，是我的同學。

我把他罵了一頓，說：「她跟你在一起的時候，你還是個大一新生，人家是爸媽的寶貝獨生女，不缺錢，況且她買貴的東西的錢全部是自己賺的，花了你一分錢嗎？你創業沒錢，她二話不說，給了你十萬，人家只是單純喜歡你。」

對很多人來說，談戀愛不是投資，潛力股也有賺不到錢的時候，別把你身上的加分項當作唯一選項，人家女生沒那麼齷齪。

後來，那個女生也跑來向我哭訴：「他賺了點錢，就總覺得我跟他在一起是看中他以後會賺錢，如果我真的那麼喜歡錢，一開始我就不會跟他在一起啊。」

我說：「好想知道，當初你為什麼跟他這麼一個膨脹起來自大得無法無天的人在一起。」

她說：「只是因為當初聊得來，也沒考慮別的，就在一起了，在一起後，發現他很細心，對我很好，覺得自己撿到寶了。他所說的那些優點，只是吸引我更喜歡他的地方，但就算沒了這些，我也會繼續和他在一起。」

後來，我把聊天截圖發給男生，說：「這麼好一個女孩，你要就好好對待，不喜歡就早點滾開，別耽誤人家了。」

之後，他們之間具體的情況我就不知道了。

二〇一七年六月，我收到了他們結婚的請柬。行禮的時候，主持人在臺上說了一段男生送給女生的話：從前，我以為你因為別的附加條件喜歡我，懷疑等到有一天我什麼都沒有了，你會離開我。後來才發現，從頭到尾，你都一直簡單地深愛著我，這些附加條件只是吸引你繼續喜歡我的最小籌碼，原來那個最大的籌碼就是我本身。

一個為情所困的人，在喝著苦酒的時候，旁邊的朋友會問他：「你喜歡她什麼啊，她有什麼好的？」他回答：「對呀，我喜歡她什麼呢？我也不知道。」

有個女生在拒絕糾纏不已的追求者時，也惱火地說：「你喜歡我什麼，我改還不行嘛，我保證把自己變成一個你不喜歡的人。」追求者：「我喜歡你這個人啊。」

「我喜歡你這個人」，籠統又帶著些許無奈的回答，卻是大多數戀愛中的人的心聲。不知道你有沒有真正愛過，但真正遇到你喜歡的那個人，恰是你猝不及防，你根本來不及思考「他值不值得自己喜歡」這樣的問題。

也許，事後的旁觀者會說「你肯定喜歡他的沉穩」，你會反駁說：「比他沉穩的人，沒他有趣，比他有趣的人，沒他踏實，我是喜歡他這個人而已。」

單拿出某個特質來說，是不妥的，也許這個特質是你之前不喜歡的，但只因為出現在了他身上，你才覺得可愛。

喜歡他的時候，你是憑著荷爾蒙去愛，而等到瞭解真相了，會發現他真的值得你愛。別追著去問「為什麼喜歡」，說不定他對你就是一見鍾情，甭管他鍾的是臉還是情，反正他喜歡的就是你。

被愛不是因為完美，是因為勇氣

《慾望師奶》裡，布莉丈夫跟她提出離婚時說的那段話，讓我印象挺深刻，他說：「你永遠把頭髮梳得一絲不苟，生活處理得沒有一絲紊亂，但是那個我一見傾心的人去了哪裡？那個麵包會烤焦，牛奶會灑一地，會放聲大笑的女人去哪裡了？我想她，而不是現在完美冷酷的女人。」

布莉是誰？是我們所有人眼中的完美主婦，在整理家務招待客人這方面很優秀，堪稱完美。可就是這麼一個完美的女人，卻偏偏是因為太完美，而讓另一半覺得厭倦。

說到這裡，想起我和朋友對《歡樂頌》的討論。王柏川因為怕樊勝美失望，哪怕和小包總的合作告吹了，卻依舊讓安迪幫忙瞞著小樊，還特別求誇獎地跑去騙小樊說「合作成功了」。

另一邊的樊勝美，托以前的同學打聽出來的結果卻是合作沒成功。接下來，免

女孩不必完美而是要勇敢

不了一場爭吵，樊勝美責怪王柏川騙他，心裡肯定也憋屈，想著他沒能力，賺錢不多。王柏川的謊話敗露，丟人受挫的同時，也覺得樊勝美不夠理解他。於是倆人鬧彆扭，不分青紅皂白的樊勝美直接把所有的火都撒在安迪身上，怪她不幫忙說話，而口口聲聲說愛她的王柏川，在吵架後，乾脆對樊勝美不聞不問。

我跟朋友說：「越到最後，越發現裡邊幾個人的性格缺陷都暴露出來了，樊勝美有時太現實了，安迪有時理智得冰冷，邱瑩瑩簡直太傻白甜了，還有關關太乖乖女放不開了，還有很多人喜歡的隨性瀟脫的小曲，其實對人也挺勢利的。」

朋友對我的看法表示認同，然後說：「但是你不覺得有缺點才顯得更真實，更像我們現實生活中確確實實存在的人嗎？我們不是因為一個人太完美而喜歡她們，反倒恰恰是因為她們不夠那麼好，因為她們和我們一樣，在喜歡的人面前會緊張，有點小自私小任性小脾氣，還有點小現實，正是因為這些不完美才讓人覺得更可愛更被我們喜歡。」

朋友說：「我們被愛、被接受不是因為完美，我們也不必卯足勁把自己活成一個零誤差的完美人。相比完美，更重要的是充滿勇氣。」

一度大熱的《喜歡你》讓周冬雨又火了一把，劇中的她也不是一個完美女生。她的男朋友把她的身材比作蔬菜中最為枯瘦的韭菜，還以「我喜歡帶肉的」這個理由和她分手。

的確，平胸、個子小的她身材真的不算好，加上眼睛小到笑起來瞇成一條縫，也真不算美貌出眾，沒有電影裡志玲姐姐的優雅氣質，也沒有奚夢瑤的火辣身材，可就是這麼看似普通的她，卻被大家都記住了，並且大家都很喜歡。

我有仔細分析過，她能被我們如此喜歡，主要也是因為她的不完美。

她在家裡邋邋遢遢，穿過和沒穿過的衣服都一起堆在地上，不愛收拾房間，和房間永遠亂到無處下腳的我們挺像的。她替閨密出氣，在別人的車上劃著「狗男女」的字樣，跟我們為好朋友抱打不平的模樣，簡直神似。

在大街上看到喜歡的人，不想見就到處躲，甚至本該瀟灑打著計程車把男主角甩得遠遠的，她的眼睛卻時刻盯著計價表，見一個數字跳動後，馬上對著司機喊停，因為身上就這麼多錢了，她這般真實和倒楣真像我們。對於大多數人來說，生活就是這麼捉弄人，越是倒楣的時候運氣越背，永遠不會有王子來拯救你，好比不洗頭不化妝時，會剛好碰到喜歡的男生。

她沒有帶女主角的光環，沒有做著一份特別高級的工作，沒有特別漂亮的身材和長相，會因為丟了工作缺錢，會因為不漂亮被自己喜歡的男生甩，面對自己喜歡的男生，也有不那麼落落大方丟臉的一面，偶爾蠻不講理，也有小脾氣。可就是因為她的這份不完美，深深把我們打動了。

除了這種不完美，更讓我們喜歡她的，是她的勇敢。

在飾演男主角的金城武消失後，她想見他，沒有半分的扭捏，也沒有所謂的矜持，她乾脆直接托閨密找到金城武家的地址。

而在她到金城武家後，發現他家裡還藏著一個美女私廚，知道了他除了喜歡她做的菜，他還會喜歡別人做的菜。她沒有過分的做作，也沒有假裝很大方，沒有很無所謂地把所有不開心憋進肚子裡，而是衝他喊：「你不能喜歡兩個人的菜，你只能喜歡一個人的菜。」

她沒有別的想法，也不在意自己這番話說出來是不是不好，也壓根沒有所謂成年人很看重的「自知之明」，更沒有瞻前顧後考慮著「我能以什麼身分去這麼要求他」，她選擇勇氣滿滿地對那個她喜歡的人說：「你只能吃一個人的菜，你得選。」

面對愛情，面對她喜歡的那個人，她不夠完美，哭的樣子也挺醜的，但是她就是能落落大方、勇氣十足對他說出自己的想法，沒有兜兜轉轉，直接把選項攤在他面前：我不喜歡你喜歡吃她做的菜，我不喜歡你還有另外一個她，所以你選吧，是我還是她。

在電影的最後，她也能超級厚臉皮地問金城武：「我是不是世界上最性感的人？」像極了我們，哪怕我們就是普普通通的女生，可心底也是超想對喜歡的人說一句：「我是不是全世界最好看的人？」

周冬雨也真的是夠「厚臉皮」的，把我們想問的問題問了。我們喜歡她的地方可能就在於，她把我們所有礙於自尊和面子沒說的話，都說了。那股真實不造作的勇敢勁把我們打動了，也把我們的男主角金城武打動了。

電影散場時，我對一同看電影的女友說：「像她這種勇敢率真的女生，肯定很容易被愛被接受的，不是因為她完美，而是因為她身上的不完美，和一股無所畏懼的勇氣。」

前不久，我看了TED的一個影片，主講人Reshma Saujani特別強調一個觀點：女孩子要勇敢而不必完美。

影片裡有這麼一段話：「絕大多數的女孩被教育，來規避風險和失敗。我們被教育要有漂亮的微笑，不要冒險，課程拿全A，我們教育培養女孩子們追求完美。但很多證據都說明，由於女性長期被賦予追逐完美，讓她們活得太過謹慎了，女性需要更多的自信，需要接受不完美，需要更多的勇氣面對不那麼完美的自己。學會持之以恆，才不會推遲自己的夢想，更重要的是，要讓她們知道，她們會被愛被接受不是因為完美而是因為充滿勇氣。」

我們很多人，真的是從小就活在一個所謂標準化的定式思維裡。小時候被教育要做一個聽話懂事的女生，長大後又被要求做一個合格直至完美的妻子，甚至身邊也總有很多人變著花樣告訴我們「女人只有變得更美麗更優秀更接近完美，才值得被愛」，然後用那一套所謂的標準把我們變成格式化的女性。

其實，並不是這樣。我們被愛、被人接受不是因為我們完美，而是因為我們充滿勇氣，有勇氣去告訴喜歡的人「我很喜歡你啊」，有勇氣結束一段委曲求全的關係，有勇氣不活成大眾期望我們成為的模樣，有勇氣為自己想要的生活而努力並且活成自己想要的樣子。

倪匡先生曾說：「喜歡怎麼過日子，可以憑自己的意思，同樣美麗。」只要我們足夠勇敢，活成我們想要的樣子，同樣值得被愛、被接受、被稱讚，於我們而言，這樣的人生才是完美的。

因為愛你，所以自卑

小k喜歡上了一個女生，一個魁梧、天不怕地不怕的東北大老爺們，嬌羞地來問我女孩子通常喜歡什麼禮物。

小k說那個女生生日臨近，不知道送什麼禮物，在網上查了很多送女生的禮物，自己也想了很久，始終沒有找到合適的禮物可以送給她。我開玩笑說：「想當初我過生日的時候，你就在路邊隨便買了一盆仙人球送我，並且你自信地覺得這個禮物挺適合我的，還一本正經地跟我瞎扯五個仙人球適合我，如今你的這份自信跑哪兒去了？」

聽完我的這番話，小k內斂地「嘿嘿」了兩聲，然後說：「那不一樣，反正這次我挺怕送的東西她不喜歡，不能投其所好，讓她覺得我是個膚淺的人。如果因為我送她的禮物沒選好，讓她對我印象不好，不喜歡我了，那可怎麼辦？」

我笑著看了一眼這個東北男人，說：「你是不是擔心得有點過度啊，一份生日

給自己一份勢均力敵的感情

禮物而已，沒你說的那麼嚇人。再說了，你口才那麼好，路邊隨手買的一盆仙人球都能被你說得像是為我量身製造的，你給她送什麼禮物都可以的，重要的是看你的心意。」

他還是有點不那麼確定，趕忙問我：「真的嗎？」

我說：「沒想到，叱吒風雲的大才子也有今天這般不自信的時候。」他苦笑著說：「還不是因為喜歡，當你真正喜歡一個人的時候，你就會覺得自卑，總覺得那麼好的她，自己真的有點配不上。有時候也會恨自己沒有多學一些特長，變得更優秀一些，不然也不會在她面前這般沒有底氣。」

我又看了一眼面前的這個男生，在同齡男生中，他算是拔尖的，加上性格好情商高，是身邊不少女生心目中的理想男人，「我覺得我有點配不上她」從他嘴裡說出來時，我真的有點驚訝，但隨後一想，愛不就是這樣的嗎？

因為愛你，所以自卑。這種自卑跟我是否優秀無關。因為哪怕再優秀的人，在遇到那個自己喜歡的人時，心裡都會懷疑自己是不是哪裡配不上她。一切的一切，只因為是喜歡。

近來，我迷上了張愛玲的愛情故事，特別是被大家所知的她和胡蘭成的故事，還有那句「因為懂得，所以慈悲」。

其實，大家眼中的「因為懂得，所以慈悲」，講的並不是一個彼此理解的愛情故事。張愛玲寫給胡蘭成的情書中的這八個字，恰恰證明她的愛是卑微的。

張愛玲是真的對胡蘭成動心了，從她和他第一次見面，足足聊了五個小時，就可以看出來了。如果不是因為喜歡，一個女子又怎會和一個才剛見面的男人聊這麼久。直到後來她徹底愛上了他，張愛玲對胡蘭成的背景是很瞭解的，那個時候的胡蘭成是已經結婚了。她喜歡他，哪怕只是以第三者的身分，而且那時的張愛玲已經有才華有名氣了。

因為懂得對方的想法，因為遇到一個真正懂自己的男人不容易，因為懂得自己已經真正愛上了他，所以願意包容他，能容忍很多事，所以慈悲。簡簡單單的八個字，已經說出了張愛玲的愛情觀，以及她能接受的愛情底線。

愛上胡蘭成之後的她，已經不再是初見胡蘭成的張愛玲了。

其實，不只是這樣，在送給心儀男子自己的照片時，張愛玲挑了一張笑得最恬然又清秀斯文的，並且在照片後面寫了一句話：見了他，她變得很低很低，低到塵埃裡，但她心裡是歡喜的，從塵埃裡開出花來。

此時的張愛玲是真的愛上了胡蘭成，沒有考慮各自的家庭背景，也沒有考慮彼此的朋友圈子，甚至連彼此的生活方式也不考慮了。她一個高高在上的民國才女，就這樣把自己放到塵埃裡，只是因為愛。

說實話，在我看到張愛玲和胡蘭成的愛情故事時，我的內心是很生氣的，他不是一個專情的人，終究只是個流連花叢太久的浪子，在和張愛玲還有一紙婚約的時候，他就斷斷續續又和另外幾個女子在一起過，而張愛玲竟還是如初般愛他。

我真心替張愛玲覺得不值，一個大才女，為了一個浪蕩公子，愛得那麼卑微，太讓人心疼了。後來轉念一想，這不就是愛嗎？在愛情面前，人人平等，管你是達官顯貴，還是一代才女，當你真正愛上一個人的時候，所表現的形態都是一樣的，那就是卑微，會覺得自己配不上對方，又會覺得，只要能夠留在那個人身邊，怎麼都行。

當我們喜歡一個人時，腦海裡就會分泌出一個類似美圖秀秀的東西，你眼中所看到的喜歡的人，都是濾鏡之後的樣子，他的優點被放到無限大，缺點早就被磨光到看不見，我們的愛給那個人加了光環。所以，當我們愛上一個人之後，總會覺得這個人好優秀好完美，甚至還會在心裡一遍遍掂量自己，害怕配不上那麼好的人，我們變得卑微。

就像《重慶森林》裡的阿菲，喜歡一個員警663，他們每天會見那麼多次面，她有那麼多跟他說話表白的機會，但她只敢選擇當愛情裡的田螺姑娘（編按：中國民間故事裡的報恩仙女），幫他打掃亂糟糟的房間，幫他置換更舒適的床單，因為喜歡一個人，那個喜歡聽很吵音樂的女孩也變得極其卑微。就像現實生活裡的王菲，早些年的時候，因為喜歡竇唯，和他一起住在四合院，也曾早起為他倒過痰盂。愛，本就是卑微的。

《血熱之心》裡有一句臺詞很精準地說出了「因為喜歡你，所以自卑」，這個臺詞是：「因為你太美好了，我等你等了這麼久，才能跟你在一起，我害怕得不得了，生怕自己搞砸了。」

這就是愛情，因為喜歡上了一個人，而開始變得自卑，變得不那麼自信，變得患得患失，甚至低到塵埃裡。這些都是喜歡一個人的正常表現形式，但我始終覺得，一段不能勢均力敵太過卑微的感情真的不能長久。

哪怕再喜歡，張愛玲最終也沒能跟胡蘭成在一起。

當阿菲去看過真正的加州，變得更有底氣，才和663在一起。

我的朋友小k也正在努力把自己變得更優秀更好，打算更加自信後再跟那個女生表白。

最好的愛情就是，因為這份喜歡，因為不甘自己配不上這麼好的人，那就好好努力讓自己變得更好，給對方一個很好的戀人，給自己一份勢均力敵的感情。

比起默默在心裡喜歡一個人，克服自己的自卑、膽怯、卑微，變得更加自信優秀，然後落落大方且勇氣十足地站在對方面前說出你的心聲，這才是最酷的。

這種樣子不好看

我經歷過一場愛情的鬧劇，在我幻想過無數次我們的未來後，才被告知，我喜歡的男孩子在和我談笑風生的同時，一直喜歡著另一個女孩子。我的這種症狀，可以稱為「單相思性失戀」。

在得知這一真相的瞬間，我很難過地向我好朋友訴說。當著好朋友的面，我義憤填膺地控訴他，我罵他是渣滓，他怎麼能這麼對我；我控訴他欺騙了我，傷害我那顆熱烈滾燙的真心；我甚至還有意放大自己的情緒，難過、委屈、痛徹心扉，這樣的詞從我嘴巴裡一串一串地往外蹦。

朋友全程聽著我極具負能量的抱怨，沒打斷我的傾訴，也沒過多參與進來跟我一起指責他。就像大多數情感諮詢過程中碰到的愛情男女，當我把委屈都說盡興了，大概也說累了的時候，我不忘禮貌且客氣地問了朋友一句：「你說我該怎麼辦？」

我把話題拋給朋友時，朋友靜靜地看了我一分鐘，然後指著桌子上的鏡子示意我照一下，同時說道：「你這種樣子不好看！」

朋友說：「因為一段不被愛的感情，就讓自己像祥林嫂般絮絮叨叨，樣子很醜；因為一個不愛你的男人，浪費半個小時，罵罵咧咧指責他，樣子特別不好看；因為恰好遇到一段糟糕的愛情，就說著『我很難過』、『我不想再談戀愛了』這樣的話，真的特別不好看。」

順著朋友的意思，我仔細端詳了一下鏡子裡的自己，整張臉被憤怒和失望充斥著，一副超級喪氣特別負能量的樣子，因為用紙巾擦過眼淚，眼圈的妝全部都花了，真的特別醜。

為一個人難過、哭泣，竟然是一件特別消耗體力的事情。經過剛剛這麼一折騰，我真的累了，不想再難過了，也可能是真的被鏡子裡的自己嚇到了，我對朋友說：「我不能不好看，我要好看，我不要再為他難過了。」

這是我治癒最快的一段「失戀」。自那以後，每次難過想哭要崩潰的時候，我總會一遍遍地對自己說：「這種樣子不好看！」

我有一個好朋友，有段時間，她的愛情也不順暢，被喜歡的男生直接拒絕了，男生很坦誠告訴她：「我有喜歡的女生了。」

皮囊不可以太邋遢，不然連自己都不喜歡

當時，是淩晨一點多，她跟我打電話說這件事。她的語氣裡滿滿是失落和沮喪，我甚至很明顯就能感覺到從電話裡傳來的聲音有哭過的痕跡。在電話中，她不止一次很惋惜地說：「好不容易碰到一個喜歡的男生，真是可惜了。」她跟我講了自己在這段曲折愛情中受的委屈，講述過程中，她有輕微埋怨「男生不喜歡她」這件事，一直問我「為什麼他不喜歡我」這個問題。

本以為，我要陪她通宵失戀，結果在通話一個小時的時候，她主動提出結束對話，她說：「已經很晚了，我明早還要上班，再熬下去黑眼圈明顯，就不好看了。」掛電話之前，她還不忘提醒我：「今天晚上我很糟糕，我們一起忘掉這個不好的我。」

只是失控了那一晚，後來，她再也沒在我面前提過那段愛情。第二天見她時，她依舊是精緻的妝容，一副精幹的職業女性模樣，和我們談笑風生，討論工作中的事項。

後來有一次，我們一起出去喝酒，喝到微醺的時候，我很好奇地問了她：「為什麼那段糟糕但你卻真正投入過的感情，你說放下就能放下了？」

聽到這個問題，她輕微愣了一下，說：「其實我現在還喜歡他，但我清楚過分沉迷一段已經過期失效的感情，樣子會特別地不好看，所以哪怕再痛也要轉身。明知道彼此之間沒結果，還不肯撒手，樣子真的會很醜，傲嬌的我捨不得踐踏我的驕

傲；因為在愛情中受了一點點挫折，就一蹶不振，好像全世界都欠自己的一樣，那副負能量喪氣的臉一點也不美；拉著朋友絮絮叨叨說著自己那些情感破事的樣子，不僅會讓朋友覺得厭倦，我也不喜歡這樣的自己。

我是一個很在意自己形象的人，哪怕失戀了，哪怕再難過，我也希望自己悲傷的樣子是美的，我不想因為一段挫折，把自己的生活弄得很慘，讓自己變得很醜很喪氣，這個姿態不是我喜歡的。」

我喜歡王菀之《小團圓》裡的一句歌詞：在最壞的時候，懂得吃，捨得穿，不會亂。每次聽到這句歌詞的時候，內心都有一種安定踏實的感覺。

一直以來，總有人問我「如何放下一個不愛自己的人」、「如何度過特別糟糕的情感困境」這類問題。最開始，我都會很具體從心態到行為，詳盡地告訴別人該怎麼做，後來我發現，於他們而言，這些做法未必奏效，所以再後來，再有人問我這類問題時，我會說：「別因為情緒打亂原本的生活計畫，好好吃飯，好好生活，一切煩惱自會過去的。」

張愛玲說：「一個人最大的缺點，不是自私、野蠻、任性，而是偏執地愛著一個不愛自己的人。」而我覺得，可能更糟糕的並不是愛上一個不愛自己的人，而是明知那個人不愛自己，卻還把自己弄成一副慘兮兮的模樣。

不要因為一段失敗的戀愛衍生出一種新的醜模樣，別讓難過失意的情緒打亂你原本好好的生活，別急著哭泣而忘了要卸妝敷面膜，也別因為一個人再去熬夜，別讓自己變成一副哭啼啼很慘的模樣，也別去乞求不被珍惜的愛，這些都不好。

面對一段糟糕愛情最該有的姿態：允許自己難過，允許自己脆弱，可以哭泣，也可以為愛情酩酊大醉一場，但發洩完了，就收拾好自己，重新出發，該工作還得努力工作，該生活還得熱鬧生活。

越往後走，越明白，能始終陪在自己身邊的只有這副皮囊和一些回憶。皮囊不可太過邋遢，不然自己都不會喜歡，回憶不可留太多遺憾，或者攢下太多不堪回首的往事，不然自己都不願觸碰。當我們想為那個不愛我們的人為難自己的時候，記得問自己：「以後從記憶裡看這一幕，我會喜歡這個樣子的自己嗎？」

經驗告訴我：有你沒你，沒差的。重要的是，時刻保持驕傲且美的姿態，擁有自己喜歡的模樣。一個女孩，總能在狼狽中自救，不是更好嗎？

我只想跟相處不累的人談戀愛

我曾喜歡過一個男生，喜歡他的時候鬧騰的動靜可大了，每天想方設法找各種話題跟他聊天，還要掩飾得很無意，假裝是真的有事情才找他的，每天身體力行給他準備各種小驚喜，在平時的生活、工作上，也是盡可能輔助他。

但是，他不喜歡我。

哪怕我跟一般只會撒嬌的「女朋友」不一樣，畢竟在平日生活裡撒得了嬌，扮得了溫柔，工作的時候也能一本正經地出謀劃策。我可以當他的愛人，也可以是他很好的朋友，也可以成為那個理解他懂他的人，但他依舊不喜歡我。

我是一個特別執拗且有好勝心的人，在愛情裡，對自己喜歡的那個人會執念特別久，我會對他說的每句話字斟句酌，私下反覆揣摩，然後在交談中投他所好。我每天還會找各種話題跟他聊天，跟他講我生活中的事，哪怕他只是很簡單地附和一個「哦」，而且每次跟好朋友聊天都會不自覺地把話題轉到他身上，然後興致盎然

勇敢地從委屈裡撤退

地跟朋友講他的事。

有一次和朋友吃飯，我再次成功地把話題轉到他身上，我超級興奮地跟朋友講我和他的事，對面坐的朋友突然冷不防地說：「跟他相處，你不覺得很累嗎，揣摩他的心思，然後投他所好，像和客戶談合作，而不是你想要的談戀愛？」

朋友的話引我深思，我愣住了片刻。仔細想了一下，這段你追我趕的關係真的很畸形，因為他不回覆訊息，我就不斷反思自己哪裡做錯了，這樣的感覺太討厭了。不知道熱鬧的他，會突然冷淡下來，他的忽冷忽熱不確定太影響我的情緒了。這段只有付出得不到回應的愛情，真的讓我有點疲憊了。

這樣的愛情，真的太消耗人了。

年紀越來越大，經不起折騰了，不論是跟人交朋友，還是談戀愛，我特別看重對方的一點：相處不累。

我漸漸不會像以前那樣，心動了就一股腦栽進去，也不管會不會受傷，反正年輕無敵，我就是喜歡他，無所畏懼結果和他的態度，反正就想對他好。現在不行了，我更喜歡相處起來舒服的，哪怕兩個人待在一起不說話，也不會覺得尷尬和時間難熬。

有一次，我在我姊家玩，發現了我姊和姊夫倆人的相處模式，我很喜歡。

吃飯時，我們談起榴槤這個話題，我姊開玩笑問姊夫：「你喜不喜歡吃榴槤啊？」姊夫想了下，說：「榴槤，我也可以吃啊，只是現在沒動力吃，如果你給我吃，我也是能吃的。」

我聽姊夫說「沒動力吃」，在旁不忍偷笑。我姊問：「你當年追我的時候，不是挺愛吃榴槤的嗎？而且總陪我吃榴槤，現在怎麼就不喜歡吃了呢？」姊夫百口莫辯，只能很無奈地說：「是啊，我現在也喜歡吃榴槤。」然後，我們一起哈哈大笑。

其實，在聽到榴槤這個梗的時候，我第一感覺：姊夫是一個很聰明的人，懂得在愛情裡適當妥協——只要喜歡的人覺得舒服開心就行，他知道女生都是需要哄著的。

姊夫是一個很喜歡拍照，而且拍照技術特別棒的人。為了記錄孩子的成長，他特地買了無人機。那天晚上吃了晚飯，我姊和我在客廳陪一歲的妹妹玩，姊夫在房間輔導讀一年級的哥哥做作業，然後拿起相機拍照。

姊夫走到客廳要拍姊姊，姊姊說晚上不想拍照，話剛說出口，正當姊夫準備作罷時，我姊抱著妹妹又突然來了一句：「既然爸爸今天很有拍照的興致，我們不能掃了爸爸的興致。來！妹妹，我們一起來拍照。」然後，姊姊配合著姊夫，拍了照片。

坐在一旁目睹她們溫馨生活的我，有一個感覺：那個讓你相處舒服的愛人，其實才是最愛你的人，他懂得你的好，愛你並且在意你的感受，所以能適當地向你妥協，給你服個軟，只為了讓你在相處的過程中開心快樂。

我跟我姊說：「我要寫你和姊夫相處的美好故事。」我姊說：「有時候，他也被我氣得要死，拿我一點辦法也沒有，但你姊夫很偉大，從不跟我一般見識。」

我一直覺得「偉大」這個很有分量的詞，是用來形容很厲害的人的。在這一刻，突然覺得用「偉大」這個詞來形容自己的愛人，其實也挺合適的，那個用愛讓你相處很舒服，並且明白你的好，時刻感激對方的愛人，在彼此眼中就是偉大的。

在微博上曾看到一個博主發的一段話，特別有共鳴：只有經歷了和正身處在好的愛情中的人才懂得，好的愛就是很順利就能得到的，好的愛就是不讓你哭乾眼淚、四處碰壁的。而那些令你痛苦的執著的愛都各有各的不堪。

評論裡點讚最高的那條：感情中，凡覺辛苦，都是強求。

我很認可這種說法，一段感情多多少少總有些微的辛苦，但就總基調來說，好的愛情最開始都是順順當當的，最起碼那個人會讓你覺得相處起來很舒服。

因為喜歡你，才不會故意為難你，讓你在一段感情中四處碰壁，因為真正在意你的感受，才不會在愛裡故意設置各種關卡，讓你傷透心，因為真的是用愛和真誠來和你溝通，會更加包容你，相處的過程才會很舒服。

從沒有一份本來就舒服穩當的關係，所以表面看似很舒服和諧的關係，背後都有認真且用心地用愛去呵護，所以後來，我也才終於明白，那個讓你相處起來很舒服的人，其實也是真正愛你的人。在愛情中，我們的模樣都很相同，因為愛一個人，所以想對她很好想讓她開心，會不自覺地希望她在這段關係裡待得更舒服一點。

見過愛情好的一面，才知道真正好的愛情是什麼模式的，所以才再也不願意讓自己繼續留在一段相處不舒服的感情中了，哪怕再愛那個人，忍痛也要抽身離開。

為你流過的眼淚，在你面前的小心翼翼，等待你訊息時的忐忑，你不回覆訊息時內心的小小失落，都算數，這些都是我最真的情感。曾經的我也真的把你囊括進我的未來計畫裡，我也真的耐心等過你，但真的很抱歉，在等你的過程中，我那顆心開始變得彆扭不舒服了，現在我要先走了。

我們一直口口聲聲念叨說要愛自己，但愛自己從來不是口頭說說而已，愛自己也不是要給自己買多貴多好的化妝品、包包，愛自己的體現：不因為任何人委屈自己，對一段不那麼合適的感情有止損撤退的能力，然後盡可能給自己一段舒服開心的感情和生活體驗。

一輩子這麼短，找個相處起來舒服輕鬆的人在一起，會生活得更開心自在。

我曾手忙腳亂地愛過你

「畢業了，我們分手吧。」

「倔強小姐」在「朋友圈」說她和大石分手了，我是不信的。起初，我以為這句話就像我們在四月一日對偷偷暗戀很久的人說的那句「我愛你」，在旁人眼中，只是一句玩笑話罷了，畢竟，你說再多遍也不可能跟他在一起的，你的話說得再真也只是一場假冒險。我堅信：倔強小姐只是在玩一場遊戲，一場假裝分手看大家會不會相信的遊戲。

過了一會兒，我再點進她的「朋友圈」，看看評論會不會露出什麼端倪，就看到我們的共同好友都在底下安慰她，我終於相信他們真的分開了。

說來很奇怪，我跟倔強小姐並不怎麼熟，但我最珍視的大學朋友，有學長還有隔壁班的男同學，剛好跟她是特別好的朋友。所以，我們有連帶關係，我們是各自好朋友的朋友，等同於半個好朋友，算是普通朋友。

哪怕我的八卦欲再強，我都沒有去問倔強小姐為什麼要分手。首先我跟她不熟，雖然我們算是半個好朋友，但談這麼親暱的話題還是怪彆扭的。其次，人家剛剛失戀，我再去戳人家的傷口，好像有點不道德。

但我還是去問了我們共同的朋友。我看了一眼她發「朋友圈」的時間，一個半小時後，約莫著她跟朋友差不多說明白了這件事，我那好朋友大概也知道原因了，我假裝剛看到她「朋友圈」的資訊，絲毫不掩飾地問好朋友：「我剛看了倔強小姐的『朋友圈』，覺得好可惜啊，他們在一起四年了，為什麼要分手啊？」

過了一會兒，好朋友回了我一句：「畢業季，分手季，失戀季，你懂的。」

我在心裡掂量了他這句話好久，給他回了一句：「我真的滿不懂的。」然後，我關掉手機，賭氣似的隨手在書桌上拿起一本書看了起來。接下來的兩個半小時，我沒有再看手機，哪怕不斷在提醒我有新訊息。

我賭氣的原因挺可笑的，只是和那句「畢業要分手」賭氣。我不是愛情中的理想主義者，我挺理性的，我喜歡分析一段愛情關係的利弊，而且還能用那種看起來很學術很高級的 SWOT 法分析。私下裡，我也曾分析過倔強小姐和大石的愛情，他們在我這裡也是絕配。

大石是我的大學班長，長得一般般，身高一般般，髮型一般般，人品一般般，

#感情到了頭，不管愛不愛，還是得分手

但據說能力挺不一般的，不笑的時候一副苦瓜臉，笑起來也不好看，我不怎麼喜歡他，所以絞盡腦汁也想不出幾個適合用來形容他的褒義詞。可在一個男女比三比七的師範學校，這樣的男生還算是不錯的，大多數女生都會覺得不錯。

倔強小姐，人如其名，給人的感覺就是一個倔強的姑娘。我不懂看面相，形容不出具體表現在哪個地方，但每次正視她的臉，總給我一種很倔強很固執的感覺，正如她的性格。

倔強小姐和大石是大一在一起的，大一剛開學不久，我們班的女生就說，這女生手夠快的，不知怎的就悄悄把我們班長搶走了。

聽朋友說，倔強小姐和大石是由好哥們過渡到戀人的，加上好幾次在學校碰到他倆，倔強小姐都是一副甜蜜得要溢出來的笑臉，總給我一種陳小春和應采兒「她在鬧，我在笑」的感覺。沒錯，後者也是從好哥們變成戀人的。

大二情人節，倔強小姐還去了大石家的城市去找他，其實隔得並不遠，動車也就一個多小時。大三的七夕，倆人一起去廈門玩了一趟，然後又一起准備考研。

倔強小姐是那種看起來很聽話的女生。我私下跟她接觸不多，但我能很明顯感覺到，她很喜歡大石，如果要細說倆人在一段感情中的投入比，倔強小姐愛了八分，大石只有兩分。倘若男生再對她好點，這段感情別的地方都是標配，走到最後肯定是沒問題的。

但是，最後還是出了問題。

朋友說，愛得不對等是一段感情裡最致命的地方，最理想的比例是五比五，或者你四我六，你六我四。雙方中必須有一方要愛得多一些，多包容對方一些才能走下去，懸殊太大了不好，比如倔強小姐和大石，一個愛得太多，一個愛得太少，很容易崩掉。

年輕時，我們都不懂得愛人，總以為有一分愛就得給一分，殊不知，藏愛也是戀愛的一個技巧。

等到我再拿起手機看訊息時，已經收到了朋友好幾條微信。關於「我真的滿不懂」的解釋，朋友說：「倔強小姐要繼續讀研，男生要去工作了，他說他要好好收心工作，雖然倆人都在武漢。他覺得他們真的不合適，倔強小姐很好，但是他不想耽誤她。他說，他家裡人希望他在頭兩年好好工作，先暫時不考慮談戀愛、結婚的事。」

看著一句句牽強之詞，我在心裡冷笑：坦白說一句「我不喜歡你」就這麼難嗎？非得把工作和家人不希望談戀愛這種幌子搬出來？

這些鬼話，我才不信。擔當這個東西跟年紀無關，哪怕長得再大，有些男生也終究沒有。

其實，在聽到男生說「我想要好好工作，不想談戀愛分心」時，我心裡是有一點點釋懷的，沒有了那麼多遺憾，只覺得有點可惜。

快走到目的地的兩人，突然其中一人撒手說：「跟你一起走得不快，而且我現在還有別的重要事要做，你一個人走吧。」然後頭也不回地離開了。被丟下的那個人親眼看著身後那條手把手走過的路一點一點消失，最終化作泡沫不見了，他也沒被帶回到最開始的起點，而是未來系統自動地把那段沒走下去的路廢掉了，然後又重新把他所站立的地方定為起點。命運對他說：「重新開始吧，就從這裡開始。」

物是人非。永遠是一種痛。

我偏執地以為，在一段感情裡，只要沒走到最後，所有的過去都是白瞎，都是泡沫。我也懂，錯的人教會我們一步步成長，但我就是不想理解。他們傷害了我們是為了讓我們學會愛，去遇到更對的人，這種理由挺可笑的。他們不是別人，是我們的愛人啊，怎麼能用愛的名義傷害我們呢？

在知道大石的那番說辭後，我替倔強小姐真誠難過了一刻鐘。我難過，是我押錯了一段感情的走向，而賭注是愛情也是他們的青春。我默默在心裡把「畢業就分手」用括弧寫上「待定」二字，並加注一行字：有的感情不是因為畢業而分手，只是恰好撞到了畢業這個當口。

感情到頭了，不管畢不畢業，都得分手。

我曾經說過：「人心經不起考量，沒人經得起你三百六十度的打量。」很多事情也經不起考量。有時，最淺顯最片面的表像往往更容易讓人接受。比如，在畢業季，我們分手了，給旁人一種我們因為畢業不得已要分手的錯覺，也挺美的，至少證明我們是愛過的，甚至最後分開的那一刻也是愛著對方的，只是命運在作祟，跟我們愛情的純度和真假無關。至於這其中的千瘡百孔，外人也真的不必知道。

室友開玩笑說：「從現在開始，我們可以見證一對對相依相偎的小情侶們一對對分開了，分手大戰已經開打了。」

我笑而不語。都說成人世界的感情不怎麼靠譜，最真摯的感情是在大學校園，其實那倒也不是，感情這玩意兒從來不看地點或雙方年齡大小，而是看人是誰，而是看真心如何。

我問過很多人談戀愛的原因：只是為了在大學找個伴，找個飯友，找個人陪自己一起看電影，一起壓馬路，又或者只是覺得孤單，抱團取暖……

要畢業了，得各奔東西了，戀愛的功能用不了了，於是自然而然地分手了。

哪有那麼多浪漫相愛卻不能在一起的理由？現實是赤裸裸的，只是乍看有點讓人無法接受。

而在所有的校園戀愛裡，肯定有真心的人。

我有一個朋友，也是寫文章的。我曾經被他筆下他和她女朋友的愛情故事感動過。起初，我拉著他不停地問：「這個是真的嗎？」、「最後他們在一起了嗎？」我是一個入了戲的讀者。

發生在他們之間那些有趣的往昔故事，是真的，只是最後的結局被美化了。他說：「我們最後沒有在一起，因為隔得實在太遠了，她家裡不同意，大學畢業就分手了。」他去過好幾次她的家鄉，為了能繼續跟她在一起，他爭取過，但是女生的家裡一直不同意，最後彼此都太累了，就放手了，他也希望她過得很好。

我對他說：「我是不是戳到你的痛處了啊？我事先不知道，不好意思啊。」他反倒很平靜地說：「我們的那份愛已經變成了親情，我也挺希望她過得好的，哪怕現在別人跟我說她有男朋友了，我也不會有任何反應了。她要是結婚了，我心裡可能會有點波瀾，可我真的挺希望她過得好。」

畢業分手差不多四年了，他一直單身，私下聊天問過他原因，他就用「沒有合適的」一筆帶過了。

他寫過一些關於前任的文章，寫的都是她的好。

他說：「我的脾氣不好，除了她，沒人能受得了我。」、「我這人挺壞的，起先還沒在一起的時候也為難過她好多次，對她高冷，讓她吃閉門羹，但只要我認定一個人，就會一門心思地對她好，後來，我對她還算不差。分手那段時間，挺難熬的，每晚睜著眼躺到淩晨三點依舊睡不著，一夜一夜地嚼著檳榔想她，很窩囊地痛哭過。」

我說：「你們最終誰提的分手？做這個決定，當時肯定特別難受。」

他說：「是我，我當時開著玩笑跟她說，『寶寶，畢業就分手好像挺流行的，要不我們也來趕個潮流。雖然沒有我在你身邊，你肯定會好不習慣的，畢竟你的男朋友這麼厲害，但那以後你也要好好地照顧自己。』」

他說過了這麼多年，C城依舊是他心裡的禁地，不記得當初他是怎麼逃離開的，反正他再也不敢去那裡了。那個女生的家，就在C城。

再後來，他也有好好在生活，寫的文章有很多人看，也出了自己的書，也有了小小的知名度，雖然身邊一直沒女伴。聽說，那個他愛過的女孩也生活得挺好的。

我突然覺得，這才是畢業分手故事最好的收場。

因為各種不可控的理由，我們沒能在一起，我們畢業了，我們分手了。強忍著淚水還得故作淡定地說「我們也趕趟畢業就分手的潮流」，背後藏著多少的不甘、不捨和難過，只有那最後抱著她像是生離死別的男孩的緊握著的拳頭知道。

如果終須一別，那就到這裡吧。哪怕分開，我們也會各自生活得很好，因為後來的我們依舊帶著彼此的愛在生活。

我們不是因為錢，不是因為性格不合，不是吵架到不可收拾，而是以這麼一種體面的理由分開。與日後的任何一種分開理由相比都少了很多狼狽，哪怕沒有走到最後，但這份愛的使命也完成了。在人生最美好的四年，那份愛陪著你，它也盡力了，因為它的年限也只有這麼多了，只能到這裡了。其實我們心裡應該也還是慶幸的，至少我們留在彼此記憶裡永遠是最美好的樣子。

我們好歹愛過一場，不管因為什麼，還是祝你江湖大捷，下一次，願我們在世界精彩處再相見。

你總要學會說再見

一天，熱身的時候，教練突然跑到我身邊說：「你月底就要畢業了吧，咱們的課也快結束了，你也不用再續課了。等你去別的地方安定好了，記得還要繼續堅持跟別的教練學，最少還得堅持兩個月，畢竟你自己還不會練，得有個人帶著。對你而言，這樣才最有效果。」

見多了冷漠的人，事情關乎他們個人的利益，才會上心。我也認識很多人為了抽成，為了完成業績，無所不用其極地遊說客戶辦業務，所以相比之下，我覺得教練的這番話很真誠，是真心從我的角度出發，為我考慮。我不再繼續續課了，而他這番話卻讓我產生了別離的傷感。

教練繼續說：「你經常熬夜，身體情況也不夠好，以後要經常運動，讓自己看起來更勻稱健康，平時也要儘量吃清淡些；還有我知道你平時壓力大，但也要控制好自己的情緒，別心情不好就吃一堆甜食，不健康飲食會讓你之前都白練了。壓力大的時候，就去跑步或者上一節飛輪課，這些也都是很好舒解壓力的方式；平時要注意有氧和無氧運動結合，運動完了，一定要拉筋，一定要堅持，別總嚷嚷著好累。」

就這樣，劈裡啪啦，他跟我說了一大堆。我很認真地跟他說：「教練，我好捨不得你啊，好不容易磨合好了，真的好想繼續跟你練下去。」他笑了笑說：「總要說再見的，那你就好好帶著我給你降下去的百分之五的體脂率，變得更健康更好看，然後寫更好的書，我會一直關注你的。」

不知怎的，他的那句「總要說再見的」，讓我覺得莫名難過。其實，我心裡也很明白，哪怕我們私下關係還算不錯，但等我離開這裡，也許我這輩子再也不會跟他有別的聯繫，可能再也見不上一面了。

人與人之間的聯繫，有時就這麼脆弱。一個轉身就再也見不到了。我們這輩子不斷認識新的人，也在不斷跟已經認識的人說再見，就像我們都擁有在新朋友面前做自我介紹的能力，分開的時候，學會說再見也是我們都該懂得的。

擁有時盡情狂歡，分別時道聲珍重

一年一度的畢業季又到了。每年的畢業季也就那樣，唯一不同的是，今年這群或狂歡或憂傷或不舍的人中有我們，有我。就像開學第一天，我們用心地去認識每個人，去記住那個在你印象中全新的名字，去向他們一個個做自我介紹。現如今，你也得認真地和她們每個人說再見。

一天晚上，我在寫稿的時候，班上的一個同學來我們宿舍玩，然後幾個姑娘坐在一起聊天，並喊我一起來。本來，我的文章剛寫了一半，停筆後會很影響思路，一般情況下，我是不會加入的，但這次我還是選擇了保存文檔，搬著小凳子和她們坐到一塊瞎聊。

不知道誰說了句「也許，這是我們最後一次這麼認真投入地坐在一起聊天了，只為了聊天本身」，這句話讓聊天氣氛瞬間變得有點感傷，原來離別就在眼前。

其中一個朋友為了緩解氣氛說：「沒那麼嚴重的，以後我們工作了，還可以一起租房子，有空了，還能一起吃飯，一起玩，還有很多很多機會的。雖然要畢業了，可我們還是可以做好朋友的。」

大家嘴上都附和說「以後要常聯繫啊」，但我們心裡都很清楚，哪怕畢業之後還能拉扯著別的理由，聯繫上一陣子，但就像我們現在跟中學同學聯繫得很少，畢業幾年後，大家會有各自的生活、工作和不同的奮鬥目標，我們會慢慢失聯彼此。

這聲「再見」早晚是要說的，這個告別，不管是大張旗鼓地，還是悄無聲息地，總要進行的。不管你願不願意去面對，你總要學會去告別，學會在離開前的那刻，用力抱住那個你好捨不得離開的人。哪怕哭得像個淚人，哪怕再捨不得再難過，當時間一到，你都要鬆開，轉身，擦乾眼淚，大步向前，開始過你的新生活。

後來，過了很久，我才終於明白，比起「告別」，告別前相處的最後時刻，更為重要。

那天晚上的我們，哪怕知道終須一別，卻依舊陪著彼此浪費一晚上的時間，聊些沒營養的八卦。在一陣陣哈哈大笑中，我們很開心，哪怕我們最後來不及說上一句「再見」就分道揚鑣了，我們印象裡的彼此也是最美的。

我也是用了很久才學會如何體面「告別」，安撫好自己別離且動盪的情緒，開始新的生活。

我是一個不擅長說再見的人，有時實在捨不得一個人離開，乾脆就撒潑打滾耍各種性子把對方留在身邊，並生拼硬湊地找到我們中間千絲萬縷的聯繫，然後以各種身分各種藉口繼續待在對方身邊，實在留不住的，就花很長很長時間去消化這種別離之痛。

第一次失戀的時候，一個人躺在床上，想著從今以後，他就跟我徹底沒了瓜葛，再也不是我的「男朋友」了；想到從此連關心他的藉口都沒有，那個一口一個「親愛的」的男生就此消失在我的世界裡；聽著田馥甄的那首《寂寞寂寞就好》，我的眼淚一直往下掉，還在心裡難過地想著「失戀太難受了，如果不分手，我們現在肯定還是很好很好的」。年少時的愛情，看起來不較真卻也是最較真的。

之前和前男友在一起時，剛好發現我喜歡的那個作者跟她男朋友才在一起，我們仔細對比後，認為我們兩段愛情很像。前男友相信我以後寫的東西會被很多人看到，就像我喜歡的作者的男朋友相信的一樣。我也相信我和他會像他們一樣，在一起很久很久。

我們曾經很相愛，但最後我還是先放手了，並且在很長一段時間裡，我都很自責，背負著這種愧疚感生活了很久，總覺得是我放棄了我們的愛，是我沒遵守約定。

在這之前，我不知道怎麼跟人告別，就像我特別討厭在陌生人面前做自我介紹一樣，我也特別討厭跟熟悉的人揮手說「再見」。我做不到看著我曾經最愛、最喜歡、最捨不得的人一點點消失在我視線裡，所以一遇到這種情況，我寧願像個鴕鳥一樣，把頭深深埋進沙土裡，或者乾脆睡過去。

聽過這麼一句話：「兩個陌生人墜入愛河，只有一個知道愛絕非巧合。」

很多時候，我們還能維持現在的關係，可能只是兩人中的一人在勉強。人在風中立，聚散不由己，強求續來的緣，終究有耗盡的一天，我們總得學會說再見。突然有一天，我發現我想留在他身邊的人，並沒有給我的這份愛回饋相應的值得，我們的關係依舊不鹹不淡。我發現，有的人你想留也留不住。

在那次痛苦的失戀之後，我還是好起來了，還是生龍活虎地去愛去恨，心裡缺少的那塊，好像早被其餘的東西填補起來了。後來，也還是有愛不到的時候。在深夜，邊喝著酒，邊哭著問朋友：「憑什麼他不能喜歡我，我哪裡不夠好嗎？」也還有失意失戀的時候，只是每一次的分別都體面多了，也學會了在關鍵時刻忍住在眼圈打轉的淚水，忍住對彼此的怨或者恨，在臨別前，我會叮囑對方說：「答應我，以後一定也要好好的生活。」

沒想到的是，那個我很喜歡的作者和她男朋友也分手了，並且她還很瀟灑地發了一段話：「奈何一段冒險再迷人，道路也總有分叉，是時候去不同方向看看風景了，記得互寄明信片，有緣江湖再見，再愛一次。」

在那一刻，我長久以來對那段愛的愧疚感終於少了些，我終於可以不用再怪自己了。

你看，曾經我們看好並且設想按照人生範本生活的倆人，也很可惜，沒有走到最後。學會說再見和擁有開始新的生活的勇氣，是我們該學會的一項技能。

我們應該很榮幸，這麼重要的一項技能，是我們教會彼此的。

我終於明白「能愛到死是運氣，中間說聲再會是人之常情」的真正含義。於生活而言，我們的人生就是一列開往遠方沒有盡頭的火車，可能沿路會遇到很多人，可能當時你們無話不說，感情很好，但一到站，你們還是得說再見。你有你的遠方要到達，他有他的星辰大海去追逐，也許你們能做的只是在擁有彼此時盡情狂歡，分別時鄭重說一聲「珍重」。

最好的愛，是彼此有各自的生活

有一場考試，我去參加了。

坐車去考場的路途中，遇到一個很能聊的計程車司機，我說了我要去的地方，他估摸著我也是要去考試的，便跟我說：「我剛載了一個從上海回來的女生，比你大，是回來省考的，早上飛回來，等下午考完了還要飛回去，也是夠累的。」

我說：「應該會有很多人要來參加考試吧，畢竟競爭壓力擺在那。我也是去考試的，不過是家裡人強烈希望我參加的，所以也沒辦法，就試試唄。」

司機大叔說：「那女生也是家裡人非讓她回來考試，因為她父母都是公務員，所以希望她也考上，說年年都在考，除非考上，不然要考到三十五歲為止。」

聽了這番話，我不禁唏噓，在後座長長地嘆了一口氣，惹得司機回頭看我。

我說：「中國大多數的父母可能都希望子女穩定吧，哪怕他們所謂的穩定也許並不是最好的。」司機大叔說：「不是的吧，我女兒應該跟你差不多大，我就不要求她一定要考公務員，她想幹什麼就幹什麼，我們不強求。」

緊接著，司機大叔開啟了炫女模式，特別自豪地跟我說他女兒在哪所重點大學讀書，讀大學的時候獲過什麼獎，眼下老師又推薦她出國，現在正在準備這個事。講起這些的時候，感覺司機大叔臉上和聲音中全都是驕傲和自豪感。

我說：「您家女兒這麼優秀，還不是您教育得好啊。」他忙著接一句：「她全靠自己，有什麼興趣想做什麼，我們都無條件支持她，其他的我們都不怎麼管，我就負責開好我的車，好好賺錢。」我笑著說：「這也是一種教育方式啊。」

他說：「小時候，她喜歡畫畫，在很多家人不怎麼支援的情況下，我就送女兒去學畫畫，高考考的也是藝術類，然後大學學的是服裝與設計。包括後來，她有機會出國，我和她媽也是一口答應支持她，也會捨不得自家孩子一個人去那麼遠的地方，但是那是孩子的選擇，我們做父母的要支援，而不是去限制說『你必須要過我們安排好的生活』。她留學回來，肯定不會回武漢，會留在北上廣發展，但那也可以啊，她在那邊好好發展，我和她媽在武漢有自己的圈子，也能生活得很好的。」

司機大叔這番話，給我最大的感觸是，父母對子女最好的愛，便是支持，支持他們永遠過自己想要的生活，而不是強制性要求他們過你們想要他們過的生活。

在報社實習時，我採訪過一位打敗病魔的患者。在採訪過程中，也聊到了她的女兒，當時她特自豪地對我說：「我女兒比你大幾歲，現在在紐西蘭讀書，並且可能以後不回來了，就留在那邊。」

在聊到孩子教育問題時，她說：「我的教育理念就是讓孩子自由成長。小學的時候，有男孩子喜歡她，很多家長說要拒絕早戀什麼什麼的，我也沒有多麼強制性跟她說不能做什麼，只是給她立了一個底線。做什麼都不能超過這個底線，而且她要保證學習成績，其他的她都可以自己選擇，我不過多干涉，只是偶爾跟她私下聊聊，或者看看她最近在幹啥，然後就是無條件支持她。」

她說：「我從來不要求女兒一定要做什麼，要活成什麼樣子，我們像朋友一樣相處，這樣就挺好的。」

在被問到女兒對她這個病的看法時，那個被採訪的阿姨說：「檢查結果是一個讓人聽了都無法接受的疾病，包括我自己在很長時間也無法接受。當時還是女兒從紐西蘭趕回來安慰我。女兒跟我說，『媽媽，這個病很正常的，其實很多外國人也有這樣的病，但他們都治好了，並且以後依舊能很自信地穿著比基尼在沙灘上玩，這並不是什麼大病。』」

她說：「女兒沒有嫌棄我，沒覺得我是負擔，或者累贅，反倒很認真地支持我，我就是靠著女兒的一路支持和鼓勵，才走到現在的。手術到現在已經一年多了，雖然還需要後期治療，但已經基本可以正常地生活了。」

她說：「在這大半年的時間裡，我和自己的姊妹朋友們，走遍了大半個中國。」

她指著自己走路有點不太穩的腿說：「這就是前段時間去大峽谷玩摔骨折的，所以最近得在家裡待著養傷。」

她還跟我說，她下一步的計畫是走遍世界，而且女兒也挺支持她的，女兒工作之餘就陪她去，沒空的話她就跟團或者跟朋友去。

看著她遞給我看的手機上面兩張笑得很開心的臉，兩個緊緊相依在一起卻此刻生活在不同國家的母女倆，覺得這樣的父母和子女的關係挺好。

一天，我在「朋友圈」看到表姊帶著她媽也就是我姑媽和她兒子一起在香港迪士尼玩的照片，照片上的姑媽騎在旋轉木馬上，臉上流露出少女般的嬌羞和開心是無法掩飾的。其中，還有一張照片，是姑媽像個二十來歲的女生，嬌羞地捧著一杯奶茶，比畫著拍照姿勢。

在看到這幾張照片時，我的內心是覺得美好的，覺得父母子女之間這種相處模式真的挺好。

表姊一直都在大城市打拚，後來也算是遠嫁，在大城市安家了，而這一路，她都是按照自己想要的生活去努力的。她的目的性很強，而且肯為自己想要的生活投入時間精力，更重要的是，姑媽也沒有過多干涉她的選擇，也是一路支持她。

用姑媽的話來說：「子女長大了，都有自己想要過的生活，我們做父母的也不用太操心或者強制他們做什麼，在他們需要的時候默默陪伴在他們身邊支持他們就行。況且，我們也有自己的生活要過，也沒必要一顆心都掛在他們身上，擔心著他們。」

這些年，在表姊需要她的時候，姑媽都積極支持她，但又不過分限制她，與此同時，也過好自己的生活。平時跟姊妹們一起出去玩玩，或者就在社區門口曬太陽，打打麻將，把自己照顧得很好，讓自己儘量不成為表姊的負擔，也不讓在外努力的表姊過分擔心她。

每年，只要表姊有時間，都會帶姑媽去不同的地方旅遊，表姊說：「我想好好孝順媽媽，努力賺錢。」而姑媽也接受著姊姊的這種好，不會像別家父母那樣總說「又瞎花錢了」。

我是在一個傳統家庭中長大的孩子。前些年，我走過的每一步幾乎都是父母鋪好的。所有可能遇到的風險和偏差，都在他們的控制範圍內，小到高考志願應該填什麼專業，大到畢業後該做什麼工作，他們都早早計畫好了。

某一天，我突然驚覺這不是我想要的生活，我想要的人生不是這樣的。我也心疼父母為我操勞太多，很多本該由我自己承擔的壓力和煩惱，都讓他們幫我承擔了，而我覺得自己過得不太快樂。

父母與子女的關係不應該是這樣的，就像我們跟自己的愛人，是既親密又獨立的關係，我們跟父母也應該是這樣的，正常的父母和子女關係應該是愛彼此，但彼此獨立。

《奇葩說》裡蔡聰說：「我們父母小的時候，得為他們的父母活，要好好學習；等長大了，開始工作了，又要為孩子活；好不容易老了，退休了，攢了點錢，又得為孫子孫女活。但他們為什麼要這麼累啊，孩子的成長讓他自己自由自在地成長，你們過好自己的生活就行了。很多時候，你們過好了自己的生活，還怕孩子不能從你身上學到東西嗎？我們都說要常回家看看，但對我們那一輩子都在為別人變得更好而活的父母來說，他們需要的是要常出去逛逛，要學會精緻地生活，做好自己就行了。」

我們相親相愛，卻又都有各自的生活。對父母來說，把一個出生才幾千克的嬰兒撫養長大成人，已經很棒了，接下來的生活，就讓子女自己去成長吧，你們就好好過好自己的生活，畢竟這也是你們只能活一次的人生；而對子女來說，你得學會依靠自己生活下去，並且要活得很好，讓父母相信你自己也能過好自己的生活。

我們相互支援彼此，相互陪伴，但那種陪伴不等同於牽制，我們永遠彼此支持各自的生活，不管多老多年輕，都有自己生活的圈子朋友，這才是最好的愛。

Part 5

你得時刻做好應對生活的準備

生活讓你感覺到不舒服了嗎

寫這篇文章時，是週六早上的六點半。我從床上爬起來，室友還在均勻地呼吸著。她們正在熟睡，我輕手輕腳洗漱完畢，坐在了電腦前。

坐在電腦桌前的我，點了一下今天的工作：需要寫一篇文案，然後跟合作方討論好細節，最終在今天要定稿；還有一篇書稿和一篇約稿要完成，中途還要抽時間把今天的推送排好。由於下午有一節私教課，晚上還要抽時間看書，所以要盡可能在下午四點半之前完成今天的任務。

坦白說，任務真挺重的，時間也挺趕的。我習慣在前一天晚上睡覺前在腦海裡安排一下自己第二天該做的事，所以昨天晚上我心裡就一直覺得挺有壓力的。本來該平攤到兩天的任務都挪到一天完成，真的好讓人窒息。

此刻的我，大腦一片空白，對今天要完成的內容一點頭緒也沒有，只覺得渾身都特別不舒服。昨天，穿著高跟鞋跟朋友出去玩，回來還沒感覺，睡一覺醒來，

此刻的不舒服，是為了以後更大的舒服

才發現兩條腿又酸又疼，加上昨天下午的私教課，所以腰部一整圈也是極度不舒服的。哪怕我被鬧鐘叫醒了，但還是挺睏的，當下的唯一感覺：太不舒服了。

對著電腦，發呆了整整五分鐘，我也在心裡想：「為什麼同住一個宿舍，她們週六、週日睡到自然醒，我得忍住渾身的痛爬起來工作？」

週六的被窩，著實舒服啊。

室友翻了個身，聽著她嘴裡喃喃說了一句夢話後，又沒動靜了，估計是繼續睡了。我抬起頭，瞥了一眼躺在床上的她，在心裡暗自慶幸了一番：「還好她沒醒，不然起來來回走路說話什麼的，好端端的早上寫作時光又要被打亂了。」

收回目光，無意間掃到了昨天出去玩買的包。因為回來得太晚了，加上也真的太累，我都沒拆開包裝，也懶得收拾，連同包裝直接給扔在地上了。

看著那只我買回來還沒來得及拆開的包，我突然笑了，也終於搞懂了我這麼不舒服的原因是什麼了。

以前看到一樣喜歡的東西，哪怕並不是很貴，卻依舊會在心裡衡量很久要不要買，買回來後，像寶貝般把它供著。若是新衣服，要趕緊掛起來。若是包包，要趕緊拿出來掛在身上來回背背看。

後來，我終於能夠隨心買我喜歡的東西了，就像此刻，買回來也不再去試了，也不會說要去見誰才能背這個包，或者穿某套衣服。喜歡就背，平時去外面小攤吃五塊錢的雞蛋灌餅也可以背，去見再重要的人也還是一樣那麼背。只是因為這個包在我心裡變得沒那麼有價值了，或者是更有價值了。

以前，只有見喜歡的人才會背的包，現在穿著拖鞋隨便套件大T恤都能背，而且是出去吃五塊錢的雞蛋灌餅。

但它又是有價值的。有價值到哪怕就是兩百塊不到的包，我現在也能背出去見我心目中很重要的人，再也不會像當初，會擔心別人瞧不起我背的廉價包，會為了所謂的虛榮心和面子想著要不要買名牌。因為我有底氣了，會在別人用眼光打量我時，大大方方地迎上去，會真誠地施以一笑。

不是我變得不拘小節了，而是我不怕別人看我的眼光了，因為我清楚自己是什麼模樣的。我變得更自信了，我明白我的價值我的能力並不是通過一個包一件衣服就能體現出來的。我並不需要刻意用別的東西來加持自己了，哪怕以後有一天我背著昂貴的包或穿著最新潮的服飾，也只能是因為我喜歡這個樣子的自己，而不是因為這些東西帶給我的虛榮和別人的注意力。

這一切的轉變，都來源於偶爾讓我覺得並不那麼舒服的生活。每天把自己的生活安排得滿滿的，工作、學習、寫作，以及賺錢，是我靠自己的雙手一點點給自己掙來的。

我曾跟朋友開玩笑說：「我有著這個年紀的女生不該有的煩惱和壓力，每天別人追劇、約會、睡大覺的時間，我都用來學習和工作了，有時也感覺活得挺壓抑的。」

朋友說：「可你也有著這個年紀的女生都羨慕的東西，你能自己掙錢，把自己養得很好，你活得自信灑脫，你有拿得出手的東西，你的不舒服是有回報的。」

二十來歲的年紀，都是年輕的姑娘，誰不想呼朋喚友到處玩啊，但我選擇坐在電腦面前一個字一個字地敲打著，寫文章，想文案，還得不斷尋找新的創意。這其中有過驚喜，但更多時候也讓人崩潰得想逃。有時覺得生活讓我好吃力，但更多只是抱怨幾句，然後給自己一劑雞血，該幹嘛還是幹嘛，繼續過這種讓人不那麼舒服的生活，為了夢想，為了興趣，也是為了生活。

以前，我不明白為什麼有些人要自虐。本來，好端端的生活，挺好的，為什麼非得讓自己受苦，讓自己生活得不那麼舒服，活得吃力點？後來，我明白了一個道理：不自虐，被他虐。

我買了那種費用很昂貴的私教課，然後每次去上課，心疼錢的同時，還得被教練虐得想哭。

上第一節私教課的時候，一個靠牆靜蹲動作硬是把我逼哭了。我說：「好累，我堅持不下去了。」教練依舊不喊停。我嘴上嚷嚷：「我要站起來了，實在受不了了。」教練說：「還有二十秒，如果你站起來了，六十秒從頭再來。」

最後十秒鐘，他看我實在受不了了，就給了我一隻胳膊借力，允許我把手搭在他的胳膊上，把重量分擔一點給他，但雙腿姿勢不能動。於是，我的雙腿顫顫發抖，撐過了六十秒，最後倒計時，聽著他喊五四三二一，真的覺得那是最幸福的時候了。他的一聲「一」喊出來，我雙腿就軟了，立馬跪在了地上，當時特別希望馬上有個凳子坐著休息一下，但他堅持不讓我坐，他說：「現在坐一分鐘，臀部就變寬大，此刻舒服挺容易的，但以後就不那麼痛快了。」

後來，我和他混熟了，每次遇到一個新的我無法堅持叫嚷著要放棄的動作，他都會反問我一句：「你總嚷嚷著累，那你來上課幹嗎？花錢找罪受嗎？想不想瘦？想不想變得漂亮？你要想著此刻你身體哪裡最不舒服，就是那裡在燃燒脂肪，此刻身體越不舒服越是好事，能不能堅持？」

我也是臉皮極厚，在聽了他這番話後，裝作無辜，反問他：「你在說什麼啊，誰不能堅持了啊，我厲害得很，手拿開，來吧，計時開始。」

說句大實話，運動真的挺痛苦的，身體離開舒適區，拒絕惰性，去完成一些讓肌肉酸痛的動作，的確挺不舒服的，這點我也承認。但每次健身房七點鐘的飛輪課預約總是滿的，包括我偶爾有空也會去上課。我發現飛輪課裡大多數都是女生，一群女孩子不要命地完成一些高強度動作，一次次突破自己的極限和舒適區，玩命地跟自己做鬥爭，可能當下雙腿會酸痛，渾身會筋疲力盡，次日起來身體會不舒服，但這種不舒服感其實挺酷的。

流一身汗，好好發洩一下，消耗掉幾百卡路里，隨便一件都是開心的。況且，哪個女孩子不希望自己越來越好看？好看是要付出代價和努力的，你不讓自己的身體不舒服，不努力虐惰性的肌肉，怎麼擁有好的身材？

每次做有氧運動，累得哀哀叫。教練總是跟我說：「記住這種不舒服的感覺，在你以後大口吃肉、晚上吃宵夜、攤在沙發上吃膨化食品不想運動的時候，你要想起這種感覺，這會提醒你以後不要活得那麼安逸。想讓自己身材越來越好，希望自己變得越來越好，你就不能活得太安逸了。」

處於不舒服的環境中，我們習慣性的想法是，要逃避這種不舒服，讓自己活得痛快點，也總需要人提醒你，才記起你選擇不舒服的目的是什麼。沒人會愛過不舒服的生活，但我們想要的從來是不舒服後面的大滿貫，比如塑形減脂，比如變得更好看。

生活的確總有些讓人不舒服的時刻，撇開了來看，這些不舒服在某種程度也會成為你人生的禮物。

比如，朋友都在睡覺的時候，我早起工作學習，忍住睏意打起精神，好好學習、工作，這種逃離舒適區的不舒服感，在以後的某一天會以我成績進步、升職加薪、變得更加自信的方式回饋給我。

比如，你每天去跑六千公尺，去運動，去健身，或者去啃你完全不瞭解的專業書，也許當下你會覺得這種感覺很痛苦，身體或者精神都飽受煎熬，但是熬過這段不舒服，你的身體會變得更加好看，你的頭腦會變得更加充實。

有時，生活就是挺讓人不舒服的，這種不舒服感挺讓人不爽的。直到現在，面對不舒服感，我還是會覺得吃不消，會羡慕別人生活得輕鬆，也會羡慕那些隨隨便便就活得很好的人，會抱怨為什麼我需要活得這麼拚命，但嘴上抱怨歸抱怨，真正面對生活依舊會全副武裝，做好與生活廝殺的準備。我常用來安慰自己的一句話：此刻的不舒服，是為了以後更大的舒服。

變得很厲害，你才能被需要

朋友跟我控訴了一個我們共同認識的人，說她真的是一個功利的人。

臨近畢業，本來有很多事要忙，朋友這邊有些事需要問輔導員，幾番給她發訊息，一直不回覆。甚至輔導員剛在群裡說完話，她緊接著給輔導員發訊息，輔導員都不回覆。

朋友急得要死，「她總是不回覆我，有一次我給她發訊息了，帶上了你的名字，說你也有這方面的麻煩，結果她馬上就回覆我了。你私底下從來不回覆她的訊息，跟她相處得也不算太好，但一提你的名字，她反應很快速，她對聰明且厲害的學生果然比較上心啊。」

我還沒來得及開口說話，朋友便坦白說：「我知道利用你的名字不對，但是她就喜歡你啊，我也是沒辦法才這麼試的。她真勢利，回個訊息還分人。」

我笑著回了朋友一句：「如果你提那誰誰誰的名字，估計會更好使。」

功利？人之本性罷了。

在我見了生活的更多面之後，關於「功利」這個詞，我是這麼理解的：畢竟有的人並沒那麼熱心，當你籍籍無名，對方根本不認識你時，不願意幫你，再正常不過了。每個人的時間都很寶貴，我們不願意在不太熟悉的人身上浪費過多時間。但倘若你變得很厲害，或者在對方眼中很有價值，出於各方面的評估，你於對方而言是有用的，自然而然地，你被需要了，別人也願意幫你。

我有一個很聰明的朋友，在我斤斤計較地糾結著要不要好心幫朋友時，她就藉由各種理論加例子來告訴我，想要長久穩固一種關係，最重要的就是被需要感，而且想要穩定地讓某人覺得你重要而離不開你，最該做的就是建立起你的不可替代性。

她告訴我，要努力培養一種核心不可替代的被需要感，要努力變得更厲害，讓別人遇到一些事的時候第一個想到的就是你。

只有當你被他人需要，對他人有價值，跟他形成一種利益交融的關係，你對他越重要，他才會越看中你。當你的行為對一件事的發展影響越大，你被需要的感覺就會越強烈，畢竟歷史早就告訴我們一個真理：沒有永恆的敵人，也沒有永恆的朋友，只有永恆的利益。

就拿輔導員的例子來說，她也並不是從最開始就對我很好的。大二的時候，我有次身體特別不舒服，實在撐不住了，我去辦公室找她請一節課的假，她就很直接地把我晾在一邊，說：「我現在有點忙，你在旁邊等一下。」十五分鐘之後，我再去找她，她說：「讓你家長打電話請假。」

我當時想：「我就一生理期不舒服，請一節課的假，才多大的事啊，還要我家長打電話，大不了蹺課啊。」然後，我頭也沒回，就回宿舍睡覺去了。

後來，假也還是請到了。我好朋友是副班長，不想我被老師記名，在我走後，她自己瞎編了個理由去跟她拿了請假條，她二話沒說就給了，前後沒用到一分鐘。

我也會感慨，這個社會的人真是功利，當你什麼都不是，當你一無所有，當你對別人一點價值也沒有，別人當你可有可無，對你沒有需要感，別人就是不願意買你的帳……這是一個很現實也很刺痛人的總結。

後來，我並沒有做什麼討好她的事，也沒有一下子變得聰明起來，也沒有瞬間學會精通人情世故，我依舊一副你不買我的帳，那我也不巴結你的傲嬌模樣，她依舊看不慣我。她對我為什麼會越來越親近呢？

她對我轉變後，有事沒事給我發訊息。本來歸班長負責的事，非得讓我通知，好像要把我培養成她的得意助手；雖然我從不回她訊息，她也只是偶爾氣急敗壞地問一句：「你沒看訊息嗎？」我一句「沒登QQ」，就把她搪塞過去了。

我也在思考，她為什麼對我的轉變這麼大？可能中間我做出了一點成績，比如整學年班級第一，比如寫了些文章，出了本書，比如學院要跟別的媒體合作宣傳，恰好我有認識的朋友在裡面，比如我能幫她寫出漂亮的文章、文案和計畫。於她而言，我被需要的越來越多。

有一次，我跟一個朋友聊天，我說：「身邊有個前輩，對我一直很有幫助，用自己的資源盡心盡力幫我，有時也怕自己會辜負他的幫助，接受得也很心虛。」

朋友說：「別人願意幫你，肯定也是因為你身上有他值得幫的東西，他看到了你的潛力。興許別人是想現在幫你一把，以後你發展好了能拉他一把。沒有人會無緣無故幫你，你大大方方接受好了。」

不管是這個前輩，還是前面說的輔導員，或者是社會上別的人，別人願意對我好，大多也是因為於他們而言，我是被需求的，我的功能很強大，我是一個有效的人。只有當你被需求越強烈，你獲得別人的尊重、認可就越多，別人也會對你越來越服氣。

只有你變得更厲害，才能被更需要。

實習時，跟帶我的老師出去做的第一個採訪結束了，在回去的路上，我蠢蠢欲動地問他：「我需要回去寫稿子嗎？」

他盯著我看，猶豫了片刻，然後慢悠悠地說：「那你就試試寫著看吧，第一次不用太急的。」我懂，我不是科班出身，野路子出來的，在這之前都沒系統地寫過新聞稿，讓人不那麼相信，也是很正常的。

這是一個人物專訪，採訪過程中我是很認真做了記錄的。說實話，我也不太懂到底需要寫長篇幅的人物專訪稿，還是寫短篇的新聞稿。當天晚上回來，寫了兩篇，一篇詳細的，三千五百字左右，細節全部都囊括進去了；另一篇是精簡的，一千五百字左右。然後，把兩篇都直接發給了他。

他看了之後，直接當主任面誇我：「這女生文筆真不錯，文字功底好得沒話說，長篇的具體細節都到位了，短的也算夠凝練，第一次寫新聞稿能寫成這樣，很不錯了。」

他在我稿子的基礎上稍微修改了一下，然後就刊登了。聽對接人說，我參加的那次人物專訪，是他人物專訪欄目裡的第一篇專訪稿，並且還算成功。

聽說，有的老師總愛單獨採訪，不願意帶實習生，但他不是。或許是看到了我的實力，覺得我不是一個拖油瓶，他所有的採訪都會帶上我。有時，本來很簡單的開幕儀式，或者一些發佈會活動，他也帶上我，還會跟我講可以從哪個切入點寫稿子。我跟他一起學到了很多東西，還長了很多見識。

在工作中，於他而言，我被需要的地方就是，我會寫新聞稿，我寫好的稿子，他稍改一下，就可以用了，能減少一些他的負擔，所以他願意帶我去參加活動，願意教我怎麼採訪，願意告訴我切入點在哪裡，我能學到的東西也越多。

人與人交往，說白了，就是需要與被需要的關係，想要與某個人建立一種親密關係，就是要建立他對你的需要感。

你想要老闆器重你，就得讓你的老闆看到你的實力，讓他明白你的優勢在哪裡，甚至在他身邊建立一種核心的不可被取代的地位，你被需要得越多，他交給你的重任越多，你學會的東西越多，進步越快，職場越順利。你希望朋友認可你，需要你，你也得有自己的能力，在他遇到困難的時候，能給他提供幫助，他對你的依賴也越多。

其實，被人需要也是一種效用，別人越需要你，你的價值也就越大。你對別人的有效性越大，別人也就越願意幫你。

我哪敢倒下，身後空無一人

有一次，跟我姊聊天，我問她：「姊，你當初遠嫁，我姑媽沒說不同意嗎？或者有讓你回家相親嗎？」我姊說：「沒有，大家都沒反對，再說了，回家相親，也得有合適的對象啊。」

我說：「只要家裡父母想讓你相親，肯定總能找到合適的對象啊。」我姐在聽了我這句話之後，白了我一眼，然後說：「家裡相親什麼的，都是講究門當戶對的，我一個農村出來的孩子，可以相親的，肯定也是同等條件的男生，條件稍微好點的，輪也輪不到我。沒人可依賴，也沒有人能真正幫我過上想要的生活，凡事還得靠自己，不論是找對象，還是謀取一個好的未來。」

說這番話的時候，姊正哄著一歲大的女兒，一臉的溫柔。姊夫在書房陪七歲的兒子寫作業，保姆正在廚房收拾著。她七歲的兒子真的很懂事，很有禮貌。姊夫是一個很聰明很有能力的人，女兒雖然還小，但也算健康活潑，整個家裡的感覺都很溫馨，很幸福。

姊平時開玩笑總會說自己是麻雀變鳳凰，也的確是。努力工作，從農村一個普通人家的孩子，變成現在一個公司的老闆，家庭和事業都很順利，也算是很成功的了。但一路走來，也正如她自己所說的，沒有人能幫她，所以凡事都得靠自己。

因為身後空無一人，她想要的生活和愛情沒人能給她，想要突破原生家庭，想讓自己的這輩子和家裡的祖輩們活得不一樣，想要有一個好點的愛人，想過上想像中的生活，只能靠自己了。她也只能帶著一腔孤勇和幹勁，野蠻生長，努力爭來現在的一切。

從小城市來大城市打拚的人，孤身一人在外，孤單、寂寞，還有工作上的挫折，都要自己一個人慢慢消化。離家、父母遠，沒人能一直為你保駕護航，你想要的生活，你想要的工作，都得靠自己一手慢慢打拚出來。

姊也是一個吃了很多苦的人，最開始出來，做的是一份薪水很低的工作，住的地方也很糟糕。當時，公司老闆還特別黑，不僅壓榨員工，工資還拖欠了三個月不給。那時《勞動法》也不完善，離家遠，叫天天不靈，叫地地不應。真正感到無助之後，她發現除了讓自己堅強，並沒有任何人能幫得了她。

因為不想永遠住著暗無天日的出租屋，不想一輩子給人打工，不想十年後二十年後，或者等自己的孩子長大後依舊過著這種孤身在外打拚的生活，所以才要努力。城市再大再好，對於一個外來工作的人來說，也只能算是一個落腳點，終究少了一份心安，為了求得這麼一份心安，姊拚命想留在這個城市。

根本沒得選，擺在前面的路就兩條，混好了就留下來，混不好就回去繼續父輩們的生活。後者肯定是她不想選的，只能選擇前者，削尖了腦袋也要留下來。普通人家，家裡人幫不上什麼忙，所以一切只能靠自己，努力工作，積累資源，謀求自我發展，尋找更好的機會。

從來這個城市打拚，到真正在這個城市有了自己的家，姊大概花了十年的時間。到後來慢慢有了自己的公司，有了幸福的家庭生活，這一路走下來，家裡人幫助的地方真的很少，基本就是一個人頑強地走到了現在。

在我誇她很勇很厲害時，她說：「我哪敢倒下，身後空無一人。家裡有條件的，可以指望家裡幫忙實現夢想。像我這樣的，只能靠自己，也只能義無反顧地往前衝了。」

家人可以保駕護航的終究屬於少數人，大多數是我們這樣的，沒有人可以為我們的人生負責，沒有人可以免去我們的顛沛流離，沒有人能幫我們取得大好的發展機會，我們只能自己撐起人生，對自己負責。

愛情婚姻也如是，沒人能給你想要的愛情，想要什麼樣的愛人，得你自己去選擇，去爭取。

姊說，她之前相親過一個男生，男生很一般，也不怎麼上進，奇葩的是男生還幾次三番找我姊借錢。在兩家人商量著結婚時，姊拒絕了，那個男生真的不是她想要的樣子。

因為這件事，姊真的覺得家裡人能給她找到的相匹配的對象只有這個樣子了，以後的愛情婚姻指望不了別人，只能靠自己，自己努力跟喜歡的人在一起。在真正切斷了「實在不行回家相親」的這個想法之後，在愛情裡沒了任何的B計畫，她真正明白了「以後的愛情、生活都掌握在自己的手裡，自己決定和什麼樣的愛人共度一生」。姊開始為自己的愛情努力，不靠父母，自己挑選合適靠譜喜歡的戀人。

如今，姊已經結婚七八年了，和姊夫的生活也很幸福。姊夫是她選的，是她真正喜歡的愛人。我跟姊夫交流過，他很幽默，情商很高，本身能力很出眾，是一個很好的丈夫，也是一個很好的父親，相處起來也很舒服。

在我羨慕姊生活幸福時，她很認真地對我說：「沒有任何人能幫得了你什麼，你想要什麼樣的生活，想要什麼樣的愛人，那就自己去爭取，自己努力和你想要的那類人談戀愛或者生活在一起。你不能等，因為等也不會來；你也不能指望誰把你想要的愛情端放在你面前，沒有誰會這麼做，你只能靠自己，愛情也是需要努力的。」

小城家裡的很多父母，都會讓子女去相親。我們排斥相親，討厭愛情被父母安排，但我們討厭生活被人安排的同時，卻忽視了一個很重要的事：父母能給你的相親對象就是這個樣子的，你想要不一樣的愛人，沒有人能幫你，你有為自己想要的愛情去努力去爭取嗎？

沒有人幫你，不是你不努力的藉口。因為沒有人幫你，你才要更堅強更勇敢，對自己的人生更負責。如果搞砸了，就只能怪自己。

泰戈爾在《漂鳥集》裡說：「誰如命運似的催我向前走呢。那是我自己，在身背後大步向前。」

將生活剖開來看，最終對人生負責的只有自己。總有無助的時刻，總有狼狽的瞬間，也總有很慘很糟糕的須臾，倘若有人願意拉你一把，那可能走起來會輕鬆很多，若是四下無人，就需要你自己悶聲撐過這段難挨的時光。開始，你會絕望，會覺得走下去很難，但到後面你會發現，哪怕身後空無一人，沒有掌聲，沒有支持和鼓勵，你也是可以走下來的，只有你能堅持走下去。時刻記得，在關鍵時刻，你才是自己的貴人。

不要總覺得別人的成功是僥倖

我做平臺經營，有一段時間挺焦慮的，總覺得哪裡欠缺了一點什麼，一直做不起來。私下跟同行朋友聊過這個話題。有一個朋友，一直勸我說：「別人有資源有後臺有背景，做起來很正常，像我們這種什麼都沒有的人只能這個樣子了，得接受。」

接著，他還跟我舉了很多例子。譬如，誰誰誰的男朋友很有背景，出資幫忙宣傳才有她如今的成績，又或者是誰誰誰背後的人脈多廣，而且那些朋友都特別厲害，也是別人幫她才做起來的，甚至跟我講他親眼看見圈裡的誰誰誰全憑背後的資源才做起來的。

他跟我講了很多別人成功全憑好運和人脈的例子，最後用一句話來總結說：「成功的人都有背景資源，是我們比不來的。」他勸我放下一顆焦灼的心，接受事實。

他說的那些事實，我都明白，也知道圈內的確有這樣的情況，但聽他說完那番話，我總覺得哪裡聽著不那麼舒服，卻又說不出來。

後來，我跟另外一個姊姊聊起了這種焦慮。她不像前面的朋友一味覺得別人的成功是有內幕的，而是跟我說：「別人的成功的確有過人之處，我們如果足夠優秀，遲早會找到自己的路的。」

這番話聽起來舒服很多，而我也終於明白之前朋友那番話讓我不舒服是歸錯了因，總將別人的成功歸結為除去努力以外的幸運，從來不去認真思考自己與別人的個體差距在哪裡。誠然，這世上真的存在背景、人脈這一說法，但那也是人家能力的一種表現，弱者只會一味羨慕別人，強者哪怕沒背景也會努力打造出自己的背景。

我有一個朋友，考研落榜了，剛好我們的另一個共同朋友小小考得不錯。當時，朋友對我說：「小小家有背景，半個富二代，想不考上也難啊，真是羨慕人家的家庭背景，我要是有這樣的一個家庭，估計也不會走這麼多彎路了。」

我很理解朋友落榜的難過心情，小小的家庭背景我也是知道的，但還是覺得朋友說得太過分了。

我也承認，有些關係有些背景的確好辦事，但小小切切實實努力過。她是多愛玩的一個人啊，平時週六、日跟朋友在附近玩，放長假就去外面旅遊，反正從來不閒著，大一到大三也是一個蹺課睡覺、上課玩手機、課外作業抄學霸、考前臨時抱佛腳的女生，「熱愛學習」這樣的詞，八竿子和她打不到一起。但為了考研，大三暑假，她參加了培訓班，整整兩個月，她一直在認真複習，「朋友圈」和微博都停止更新了，開學後一直泡在圖書館。那麼愛玩的一個人，每天一心一意學習，她的努力，我們可都是看在眼裡的。最後，她的分數考得挺好的，她是所考專業第二名。對比之下，朋友初試分數就不及格，直接出局了，然後用一種搆不到葡萄便說人家長得高的心態，把別人的努力全歸結為自己缺少的客觀原因，這是一種很不利於自身進步的心理。

我們不能看到別人成功了，就全把人家的成功歸結為對方的有利條件，而不去從自身尋找失敗的原因。

我開始在網上寫文章有點反響時，同班有個女生問我：「你在網上寫文章，然後出書什麼的，是不是都是你家裡人一手安排的，讓你出社會之前有點經歷，更利於找工作和以後的發展？」

聽了她這番話，我笑了，然後說：「你為什麼會這麼想？」她倒也特別大方地回我：「若不是你家裡人一手策劃的，你一個跟文字半毛錢關係都沒有的專業，怎麼突然跑去寫文章了？而且看起來你起步很輕鬆，也很成功，沒人在背後教你支持你，你一個普通的大學生怎麼能做出現在的成績？」

聽完她這番話，我內心冷笑了一下，然後特別淡然地說：「沒人教我呢，我隨便瞎寫著玩的，沒想到我就是這麼運氣好，寫著寫著就爆發了。」然後，我轉身離開，再也沒多說一句話。

有時，我真覺得人的心裡挺奇怪的，為了讓自己心裡好受一點，為了給自己的失敗找一個合適的藉口，非得把別人的成功全部歸結為運氣好，但自己也不用腦子想想，哪來那麼多的運氣好，還偏偏被人家碰到了，為什麼好運氣沒有砸中你呢？

一個機緣巧合，我發現了一個寫作平臺，覺得挺不錯的，便試著在上面發了幾篇文章。我做這些的時候，都是背著我家人的，因為他們壓根不相信我靠寫文章能寫出一番成就來，這是真事。

後來，我成了簽約作者，簽了書，創建了微信公眾平臺，才陸陸續續被我家人知道。在得知我有公眾號後，我哥哥還不可置信地問：「誰教你弄這個的，你為什麼要做這個？」

我脫口而出：「沒人教我啊，全部都是我自己弄著玩的。」我哥哥還特別不相信地加了一句：「你自己弄的啊？」我特別肯定地說：「是的，我自己弄的。」

這一路走下來，全憑自己摸爬滾打，家裡人沒幫任何忙，也根本幫不了什麼忙，這其中受了多少委屈，付出了多少努力，也只有我自己知道。回看來時的路，想到的也是曾經的努力。我一直覺得，我不算是聰明的人，所以一直在勤奮努力上做文章，不知道落人眼中竟然我是「一個靠家庭一路策劃走到如今的」。

不斷前進，向上走這條路真的很艱辛，也不存在捷徑，可能會有人在路上拉你一把，你會走得輕鬆一點兒，但這是你的路，走到底，撐過全程，只能靠你的努力。

這個社會是功利的，也是多樣化的，有人能靠家庭背景走下去，也同樣有像我這樣的普通人靠自己的努力走下去。你沒人家那麼好的背景，那就靠自己的努力一點點往上爬，就要多看到別人的努力，更以兩倍的努力去實現你的人生。

別覺得別人的成功都是僥倖，人生哪有那麼多的僥倖！唯有腳踏實地一步步努力才是正途，多看到別人的優點，然後去學習，看到差距就一點點努力去縮小差距，每天進步一點便好。

有件重要的小事，叫溝通

看董卿主持的《朗讀者》，除了被董卿的聰明漂亮徹底征服，更是被其中一對母子打動。

兒子楊乃斌，八個月大的時候，因為發燒導致耳膜出血，從小患有嚴重的聽力障礙和語言障礙。為了讓兒子像個正常人一樣生活，楊乃斌的媽媽執意把兒子送到普通全日制學校讀書。為了讓他能說話，十六年來，她一直陪著兒子上學，成為兒子的同班同學。

當董卿問楊媽媽：「如果直接送到聾啞學校，應該不會這麼辛苦，也不用你這麼一直陪讀，為什麼你執著要送他去全日制學校讀書啊？」

楊媽媽說：「沒有語言環境了，以後走到社會，由於無法說話，他心裡有任何委屈都不能表達出來，那孩子的一生也太委屈了。」

楊乃斌說：「如果這世界上有奇蹟，那麼奇蹟的名字就叫作母親。」

我真真實實地被楊媽媽上面那段話打動，這才是做父母最真實的想法。哪怕孩子從小有缺陷，擔心的也從來不是他們會多花費自己多少時間精力，擔心的是如果以後有一天孩子長大了，會不會因為這一缺陷受到影響，而活得不開心不快樂。

小時候，我有一次受了很大的委屈，心裡不舒服，但一直憋著不說，我爸對我說了一句類似楊媽媽的話，讓我對這段話尤其感慨。

我爸跟我說：「你有什麼想法要說出來，跟爸爸媽媽溝通，而不能一個人憋在心裡。如果你有了委屈，自己難過，又不告訴我們，作為你的爸爸媽媽，我們看到你這個樣子也是很難過的。」

我家是一個還算民主的家庭，主張任何事都可以說出來溝通，然後一起解決。我爸也認為，如果遇到委屈不能用語言表達出來跟家人傾訴，不能告訴別人你不開心這個事實，只能啞巴吃黃連，心裡是很苦的。

像天下很多父母所想的一樣，楊媽媽不希望孩子以後因為不能說話無法與人溝通，會在社會上受委屈，而且還說不出來，所以哪怕再難再苦也要讓孩子學說話。

作為過來人，他們心裡都很清楚，我們與世界建立聯繫的很重要的一個東西，就是溝通。

有一次，我跟幾個寫作的朋友在群裡聊天，他們誇我，說挺喜歡我的性格，性格好，脾氣好，雖然有點小傲嬌，但也懂得照顧別人的情緒，最重要的是，跟我相處起來很舒服。我們這段友誼是沒有壓力沒有誤會沒有間隙的，彼此對對方的感情都是坦蕩蕩的。

當時，我接了一句：「你們這是間接說我說話很直接嘍。」其中一個朋友說：「你說話直接，跟別人硬戳的直接、口無遮攔不一樣，你更懂得合理合適地用一種彼此都接受的方式來表達自己的情緒，你很擅長溝通。」

我也不知道從什麼時候開始，變得擅長表達自己的情緒，懂得與別人溝通，無論是誤會還是間隙，都盡可能解開，讓彼此心裡都沒有疙瘩。我能確定的是，我之前「內向」得要命。

以前，因為一件事被同學誤會了，當時難過得要命，趴在桌子上一遍遍地跟好朋友抱怨說：「我當時做這件事的目的真的特別單純，我並沒有想要針對誰，我是想和她們和睦相處當朋友的，並沒有想為難她們。」

當時的朋友，也是我現在最好的閨密，像個大人般特別冷靜又特別理性地說：「你跟我說這番話也沒用，因為我知道你不是這樣的人，可是她們不瞭解你啊。如果你真的介意，你就去把你心裡的不舒服和真實想法告訴她們，自己去把誤會解開。」

說實話，朋友的這番話落在十八歲的我心中，還是會覺得有那麼一點無情，我也在心裡偷偷揣測過：「她怎麼能這麼直接把這件事以及我心裡的顧忌說出來呢？

被人識穿了想法真是尷尬，按理說，她不應該安慰我、勸我別難過嗎？」

後來我才明白，這才是最實用的幫助。在大家都習慣用沒多大用的話安慰自己好朋友時，我的朋友告訴我：「難過、被誤解、心裡有委屈，那就說出來，你不說，別人怎麼會知道這件事做得讓你不開心？」

閨密跟我說，你不能什麼事都揣在心裡，讓自己一個人難過。你也不能像個氣球一樣，別人說你一樣，就鼓起來了，不能那麼玻璃心。你不能一副不屑於溝通解釋的樣子，讓別人誤會你卻又到頭來心裡難過，你得學會合理表達自己的情緒。

我之前是一個不屑於解釋的人，總是很酷地覺得懂的人自然會懂我，不懂我的人誤會我了也沒關係。我在內心氣得馬上要炸了，表面卻要裝作一副我一丁點兒也不在意別人對我的評價的樣子。

就在那一年，我慢慢學會了如何表達自己的情緒，如何一點點跟別人溝通，把自己的想法都說出來，用一種大家都願意接受的方式。

對於某些人某些事我還是很在意的，當我被我在意的人誤會了，我願意放低姿態跟對方講我這麼做的原因。如果是我錯了，我也能真誠道歉，某些我想要的東西沒有得到，我也能大大方方表達自己的遺憾，甚至是在我覺得我朋友做的某些事傷害我了，我也能主動去問對方為什麼要這麼做。

因為我很在乎你，所以這個做法有點讓我難過，我難過了，我就要說出來。因為我願意溝通，我不喜歡把不舒服憋在心裡。當我察覺我做的某件事傷害你了，我能跟你解釋清楚並且道歉；當我被你傷害時，我也不願意把委屈憋在心裡，我就大大方方說由於這件事，讓我很難過。

可能有人覺得，我這種做法挺幼稚的。我就是不想讓自己的某些無意識的行為、處事方式委屈了別人，我也不想讓我在乎的人做的一些事委屈了我。生活的煩心事已經夠多了，如果跟朋友之間都不能坦誠相處，那我們為什麼還要交朋友呢？如果我真的介意一件事，我就會跟當事人好好溝通，我把想法都說出來。有些話有些想法我說了，我心裡輕鬆了，我釋懷了，至於你接受與否，那就是你的事了。

有一次，我找一個朋友聊天，給他發訊息，他沒回我。過了一會兒，我們共同在的一個大群發紅包了，我點開紅包時發現他就在我前十秒領了紅包，當時我心裡挺生氣的，心想：「你搶了別人紅包都不回我訊息？」我也惡意揣測過他，譬如，是不是不把我當朋友？是不是嫌我煩？是不是就是不想跟我說話？

當天晚上，在我們平常聊天的幾人小群裡，他出來說話了。我當時故意用賣萌的語氣發了一句話：「你馬上要失去你的可愛了，我看你下午搶人紅包了，清清楚楚地看著你在十秒前領取的。你領了別人紅包，卻不回我訊息，我感覺自己失寵了，難過的我要去角落蹲蹲。」並且@了他。

他說：「不好意思啊，下午你發訊息時，我正在忙，準備忙完了回覆的，記得挺清楚的，但忙完了就忘了。說好的『四兄弟』不離不棄的，一個都不能失去。」

如果我不主動提這件事，他說不定也不會提，我心裡就一直會有一個疙瘩：那傢伙搶人紅包都不回我訊息，肯定不想跟我做朋友了。他可能每次跟我聊天想到沒回我訊息的事，會擔心我誤會但又不好意思直接說。一個不問一個不說，時間久了，或者下次遇到別的事，這件小事將會成為我們感情破裂的導火索，我們之間的關係很可能因此垮掉。

所有大的誤解都是由一次次小的誤會組成的，我們總以為忍忍就過去了，但前提是，這件事在你心裡沒留下什麼疙瘩，這頁才是可以翻篇的。倘若這件事在你心裡留下一絲裂痕，它就過不去，會一點點變大，直到不可挽回。

我們與這個世界，與人建立聯繫的最重要手段就是溝通。楊乃斌的媽媽那麼辛苦地讓兒子去讀書學說話，就是怕以後有一天他受了委屈說不出。我們這些很正常很健康的人，應該很慶幸我們能夠跟人正常溝通。

溝通的目的，是為了更加便利我們的生活。最怕我們之間藏著誤會不說，我坦誠告訴你我的想法，並不是為了跟你吵架，而是為了更好地握手言和。好好說話，好好溝通，從來不是為了討好別人，而是為了讓別人舒服的同時讓自己開心。

我就是要過自己想要的生活

萬一過不上自己想要的生活怎麼辦？

這是我最近在心裡不斷向自己發問，並且迫切想找到答案的一個話題。可能是到了人生的一個小的分水嶺，最近我特別驚慌和焦慮，經常感覺胸口有塊東西壓著，總覺得一隻肺的底部缺少氧氣，稍不注意就要窒息了，每隔一段時間就要大口大口吸氣，而且自覺不自覺的嘆氣聲，也更頻繁了。

我身上起的這個化學反應的學名叫作壓力，病因是快要畢業了，主要表現：迷茫、焦慮和對未來的不確定。

此時是四月中下旬，餘下不到十天，將會完成一次「決定人生」級別的重要考試，一場論文答辯，也就可以真正畢業了。可以借著「我還沒畢業」的幌子待在這裡的時光屈指可數了，最重要的是得做選擇了，關於未來該去哪裡的選擇。

在最後一個月的時間裡，我拒絕回答所有人：「你以後要去做什麼」的問題，我拒絕跟家裡人談論任何關於未來的話題。在無數個深夜裡，我依舊失眠，翻來覆去地想著，在這條人生的路上我到底該怎麼選擇。

我真的特別害怕，要是我過不上我想要的生活，怎麼辦？

對於選擇恐懼症所引發的焦慮，我朋友說：「你就是典型的可選擇性多了，可以走的路多了，在優中挑優，找一條適合自己走的路罷了。」

這並不是優中挑優，而是選擇兩條截然不同的路，過兩種截然不同的人生。

兩個月來，我跟家裡人的關係一直挺不好，我拒絕跟他們交談太多，每次跟他們說完我最近的生活日常，便抓緊掛了電話。我特別害怕聽到我爸苦口婆心對我說：「孩子，你回來聽我們的安排吧，我們不會害你的。」我害怕看著我媽紅著眼圈求我說：「就聽我們這一次，好好找個穩定工作，陪在我們身邊，媽媽也可以照顧一下你。」

我害怕聽多了這種話，我會心軟，我會放棄做自己，去過他們希望我過的生活。

像大多數父母一樣，我父母為我準備好了一條退而求其次的穩定生活。他們時不時勸我安定下來，對一個二十出頭的女生提「安定」這個詞真的挺讓我無法理解，但這是他們的真實想法。

像要完成一道題，他們希望我過他們想要的穩定生活，和一個他們眼中靠譜的男人結婚，然後生一個孩子，給他們的人生一個交代。這是大多數父母的人生狀態和對子女的期望，我父母也不例外。

哪怕這種生活被他們描述得再好再穩定再輕鬆，也終究不是我想要的生活。這是在我出生後，他們就給我計畫好的人生選項，現在隨時就可以成為我接下來幾十年的生活。我真的很惶恐，這真的不是我想要的生活。

在這一段時間裡，我一邊為逃離這種生活做抗爭，和他們的想法進行鬥爭，一邊努力開拓自己的人生疆域。我還沒有攢夠能量，這場比賽就像拔河，那根紅繩始終偏向他們更多，稍一鬆懈，我就要輸了。

我不想輸。

我有時也會愧疚，我為什麼會和世上對我最好的人成為敵人呢？我覺得自己的固執自私傷害到了父母，可哪怕再難過再愧疚，我也真的不想放棄自己，就像我害怕和一個我不愛的男人一起結婚，我同樣害怕我過著我不喜歡的一生。

一位室友覺得我不可理喻，畢竟現在的畢業季，大家都只想著找一份填飽肚子的工作就行了，哪有那麼多的夢想或者過非怎麼樣不可的生活。

她說：「你就順著更簡單的生活道路走，又會怎麼樣呢？你眼中那種不想要的生活，卻是很多人夢寐以求的，真的有那麼讓你噁心嗎？哪怕你過著自己不想要的生活，那又怎麼樣呢？會死嗎？你為什麼非要這麼固執，轉個彎走不行嗎？」

我當時頭都沒抬，說：「不會死，但是會生不如死，我就是非過自己想要的生活不可。」

她沒有放棄勸我，想了一下，又跟我算了一筆帳，她說：「我和我男朋友在我家那邊租一套房子，在很好的社區，設備都齊全，環境也很好，一個月才九百塊，做著普通的工作，拿著一個月幾千塊的工資，倆人也能過得很好。但這九百塊，你到哪裡還能租到像樣的房子？在武漢，獨立的一室一廳就得一千五百塊到兩千塊，別的地方就要更多了，為什麼非要折騰自己，非要過壓力更大的生活呢？」

我看著她恨鐵不成鋼的眼神，緩緩地說：「那又如何呢？還是要過自己的生活，要不然我父母一輩子生活在那個城市，我又一輩子待在那裡，然後我以後的孩子又待在那裡，永遠不走出去，永遠怕未知的風險，永遠就這麼將就一生嗎？反正我是不願意的，我是希望我能在三十歲時徹底割裂自己和原生家庭的關係。」

室友反問我：「那如果你努力了，依舊沒有過上自己想要的生活呢？如果你以後混得很慘很吃力呢？」

我也想過，但我依舊很堅定地說：「那至少我無怨無悔啊，而且我是會儘量努力不讓這種可能性發生的。我打心底還是很自信的，我以後會變得越來越好。」

「你努力了，卻依舊沒有過上自己想要的生活，該怎麼辦？」

這個問題，我曾經和一個朋友討論過。

我問他以後有什麼打算，他說「努力過自己想要的生活」。他想先去部隊待兩年，已經提交了各方面資料，只等審核通過。他說：「我今年二十四歲了，這個年齡是大學生兵役最後一年了，其實我也在賭，賭我能不能贏這一場戰役，然後回來繼續過自己想要的生活。」

如果他通過了審核，去部隊待兩年回來，可能會有一部分退役金，他把錢都給父母，也算是給他們一個交代，內心也能少一點對他們的虧欠。然後，去上海學糕點，他的夢想是以後開一家糕點店。

我說：「那如果你的審核沒通過呢？」

他想了一下，說：「那我可能會按照父母的想法找個穩定工作，然後攢夠了錢，再去學糕點，反正我總要去學的，只是中間要耽擱幾年。」

總之，他還是要為想要的生活去爭取，可能中間會耽擱幾年，可能暫時沒有過上自己想要的生活，但只要不放棄掙扎，不妥協，哪怕中間多走點路，多花點時間，他總會過上想要的生活的。

我們堅持自己，拒絕命運的安排，就是想讓現實對我們繳械投降，直到它回心轉意，拿出我們想要的東西來。

上學時，有個老師評價我：「你太固執了，想要的東西就一定要得到手。表面看起來，你不喜爭搶，對什麼都不上心，但你的野心很大，你以後一定會做出點什麼來的。」

有一次考試考砸了，被他批評了幾句，我沒有像別的同學一樣，被說幾句就哭了。我當時心裡憋著一口氣，擲地有聲地對他說：「我下一次就會考好，你不信就看著吧。」後來，我的確實踐了我的承諾。

然後，他就對我說了上面那番話。那時我還小，根本不懂所謂的野心或者別的什麼。

我看了下自己走過來的一路，突然發現，我好像被老師說中了，我的人生是實踐著「非什麼不可」的模式走過來了。

現在執拗的我，非要過自己想要的生活，我自信我肯定能過上的，哪怕這中間要吃很多苦，甚至有很多彎路。

但那又如何，在很多人眼中，我本來就是典型的「作女」。比如看中的口紅色號全世界的代購都買不到，所有人都說你可以換一個色號啊，差別也不大，我偏不，繼續鍥而不捨地堅持要這一款，最後還是被我買到了。

在所有人都覺得我寫不出什麼來時，寫出來也根本沒人看，純粹是浪費時間，還不如用這個時間看部韓劇或者睡覺時，我偏偏就要折騰點什麼出來，讓那些說我不行的人看看我是行的。

我始終覺得，不要在該倔強的年紀，端莊地活著，就該活得「作」一點，該折騰就去折騰，該為夢瘋狂，為想要的生活努力，就去拚。

於我個人而言，年輕時就應該激進一點向前走，激發自己最大的潛能，看自己的極限在哪裡，看自己能承受到何種程度。帶著一點血性生活，才能讓我感受到真實地活著，才有成就感。世外桃源很誘人，但那不是我要的東西。

沒有哪一個年輕人有路可退，沒有哪一個年輕人被善待，沒有哪一個年輕人生來幸福。作為年輕人來說，知道無路可退，就勇敢點兒，走下去，你會擁有一個和你爹媽你老祖宗完全不同的人生。

人生需要做一些無用的事

二〇一六年十二月，我有過一個臨時採訪。我收到實習老師發來的採訪資訊，是在一個週五晚上十點多。當時，我正在和室友計畫著週六去哪裡玩。

實習老師說：「你明天有時間吧，臨時加了一個美食採訪，也想鍛鍊一下你的臨場能力，這次你一個人去採訪吧，然後回來整理出一篇稿子給我。」

這種突然的任務安排，根本沒有拒絕的餘地。於是，室友在週六出玩計畫中抹掉了我，週五狂歡夜也取消了。因為要去採訪的地方挺遠挺偏的，大概又得三個小時左右的車程，我便早早回床上準備睡覺去了。

坦白說，因為這臨時加的任務打亂我所有的計畫和安排，我的心情挺不好的，我在心裡有點埋怨我的實習老師。像這種提早計畫好的美食採訪節目，不應該臨時發通知，如果他提早一點告訴我有這個採訪，我的心裡也許會更好接受一點。另一方面，這跟我自身偏見有關。我做過人物專訪，參加過幾場發佈會和企業開業典

#用心發掘生活中偉大的平凡

禮，也做過實事採訪，所以對比之下，我心裡總覺得，這種美食節目的採訪真的挺沒勁的。

我跟很多同齡人的想法一樣，與世界的初次交手，便想著做厲害的專案，採訪重大的新聞，對生活中一些很平凡卻也很普遍的事，覺得太簡單太沒挑戰性了，看起來對自我提升一點用也沒有，於是索性將它們歸結為「無用」的事。

第二天早上五點半，室友們還在熟睡的時候，我輕手輕腳地打理好自己，直到出門的那刻，我還是滿心的不甘願，心疼自己的週六假期沒了。從投資回報的角度，這個美食採訪肯定特別無聊，甚至在心裡暗自計較著，浪費大半天時間夠我看半本書，外加看一部電影和寫一篇文章了。

先是公車，然後轉地鐵，最後換輕軌，到站後，我的「百度地圖」顯示目的地跟此時的我相距還很遠，地圖顯示一點一公里，地圖建議我步行到達。作為一個東南西北都分不清的路癡很艱難地開始找路了，這中間有過好幾次，走反了方向，於是又原路返回。

這一路，我無數次想打退堂鼓，甚至臨近目的地時，我還任性地想，曲曲彎彎的全是小巷，都找不到目的地，要不我直接回去算了吧。耐心底線一遍遍被刷新，在感覺已經迷路了，為一直走不出這個小巷焦慮擔心採訪遲到時，腦海中的那個自己早就撒潑打滾、耍著賴皮說：「做這麼一件『破事』，還一遍遍為難我，生活為何不能偏袒我一點兒？我已經攀爬得這麼用力了，為何不能在我寸步難行的時候，賜我一個觔斗雲，帶我去遠方吧。」

我是一個從不向生活伸手要饋贈的人，在意識到我冒出如上這個想法時，我特別理性地在心裡反問自己：「為什麼生活的天平要向我偏袒？我又沒成為人生的VIP，我有什麼資格理直氣壯地向生活討饋贈？」

我活得極具彈性，在生活給我拋來一份我不想接受的重擔時，我總能用力接住不被打趴，然後用相同的力度還給它。我記得很清楚，當天早上八點多的時候，我發了一條微博，內容是：「有時候真想自暴自棄，真想對生活耍一次賴皮說，『這一局我實在玩不下去了，我們洗牌重新來一次好不好？』轉念一想我又沒成為人生的VIP，生活憑什麼給我重新來過的權利，想快點攢夠跟生活談條件的籌碼，然後帥氣推翻一切說一句：『老娘不陪你們玩了，我要制定自己的遊戲規則，下一把我說了算。』」

當時，我身體內那股孤勇被激發出來了，不知天高地厚地向生活發了挑戰函：總有一天，我會打敗你的。接近一個月的溫吞吞生活之後，因為這一件特讓人惱火的無趣事，我再次確定以及肯定我這輩子為什麼要努力，也算是一個額外的收穫。

故事到這裡並沒有結束，這「無用」的一天還在繼續。

在我一遍遍告訴自己這是我的工作，哪怕再難也得耐著性子去完成它的同時，我終於找到了採訪的地點。嘉賓還未到齊，主持人和工作人員還在做著準備事宜。看著陸續來到的都是媽媽輩的阿姨叔叔們，我心裡憤憤地想：「都是阿姨輩的來參加這個活動，想學做菜，跟我有什麼關係啊，我為什麼要來這個地方，無趣極了。」一我心裡另一個很弱的聲音在吶喊著：「為了工作，此處基本可以忽略它。」

節目開始了，大廚到場，講解今天要教大家做的兩道菜。我看在場的很多阿姨們都在虛心地記著筆記，還有的阿姨乾脆把全程都錄下來。輪到大廚展示的時候，也真的讓我看呆了，一條很普通的魚，經他手之後，竟然能變成一道美味可食且好看的藝術品。這是我第一次親眼看到有人能把魚打成這麼薄的片，而且還能直接把魚刺給剔出來，能把一個很普通的馬鈴薯做成一道很好吃的料理。

一個多小時裡，他教我們的是兩道很家常的菜：松鼠魚和馬鈴薯培根奶油濃湯，但卻讓我刷新了對美食對大廚的認知。能做出美味的人都是特別偉大的，平凡生活中真有很多厲害的人。

而讓我特別感動的是，當我沉下心，坐在那裡聽聽，跟阿姨們聊聊，突然發現，這些看起來很普通的阿姨個個了不得。在年輕的我們心中，可能會覺得她們老了，特別無趣，但認真聽她們講自己的生活，會發現她們曾經很酷，並且現在也很酷；她們會開心邀你和她們一起自拍，她們都打扮得美美的，而且還特別熱愛生活，會像教室裡十幾歲的孩子般問大廚該放多少鹽、該怎麼控制溫度，我突然被她們熱愛生活的姿態打動。

真真切切看過她們的生活狀態之後，我暗下決心：三十年後的我，也要活得和她們一樣酷，哪怕老了，也要打扮得漂漂亮亮的，和好姊妹們拉著手逛街，自拍，參加美食節目，永遠熱愛生活，永遠對生活充滿好奇，永遠愛少年，以一顆包容的心去接納這個世界。

在電視上看過很多次類似的節目，但這是我第一次參與這類美食節目，也是我一直認為的「無用的採訪」。我驚喜地發現，節目中嘉賓積極參與的效果並不是做出來的，那些我們眼中覺得無趣的節目互動背後，真的是藏著一顆顆對生活好奇、熱愛的心。到場的這些阿姨們也真的是熱愛美食，想著給自己的老伴、子女做一頓好吃的。

除了阿姨們，還有兩個陪老伴來的叔叔，一個二十七歲的已婚女性。我採訪她，問她為什麼想要來參加這個活動，她說：「我已經結婚了，但長這麼大從來沒有好好給自己的父母做一頓飯，所以我想來學習一次，然後回家給爸爸媽媽做一頓飯，算是我這個女兒的心意。」沒有半分的矯揉造作和不好意思，她落落大方地說了上面那段話。我突然感覺這個房間所有人的內心都是有愛的，這是一個溫暖的發現，竟讓我突然感慨，這個世界還是挺美的，有愛，有溫暖，還有很多美好的生活。

三個小時挺短暫的，活動結束後，我原路返回。走在早上讓我崩潰的古巷裡，我發現這個小鎮還是一個文物保護區，前面還有一個寺，我沒有進去，也忘記了名字是什麼。回去的時候，我還是一個人，但一路竟開始用心欣賞起生活來：居民很淳樸，有直接把凳子搬到門前坐著和鄰居聊天的，小巷的買賣挺熱鬧，有孩子，有大人，還有剛剛下課的學生，挺有我小時候的味道。

那一瞬間，我第一次認真欣賞起生活來，悄悄在心裡把「無用的一天」矯正為「還不錯的一天」，不自覺開始審視生活。或許它對我也挺不錯的，這也是它有意安排的吧？用來扳正我的偏見，挫挫我的銳氣，大概更多是想告訴我：生活沒有電視裡的那麼有趣，但遠比你想像中的好玩，平凡生活中也有很多偉大和美好。切記好高騖遠，做好你此刻該做的，哪怕看起來再無用無趣，但你不知道這些無用的事在突然就在一瞬間經過化學反應會變成多麼珍貴的人生經歷。

當然，這裡的「無用之事」，並不是生活中的無效之事，而是指藏在我們普通生活中的很多平凡但暗含偉大的事。當然，這個偉大你得用心去發掘。生活就像一個大寶藏，下一刻你挖到的是古董還是糖果，只有你體驗了才知道，古董有它的珍貴之處，糖果也是可以讓人心頭一甜。

說到底，生活終究沒有好壞之分，只要你用心去感知，世界總在偷偷愛著你。

你得時刻做好應對生活的準備

上大學時，我曾做過一件特別機靈的事，每逢三四月分各種面試到來時，我的室友們都會不斷地提起這件事。

不算是多大一件事，是在我考教師資格證的時候遇到的。當時考的科目是語文，抽中的題目是一篇散文，題目是莫懷戚的《散步》，講的是一家四口散步的故事。

面試的前半部分進行得很順利，因為按照固有的模式，主考老師在題庫裡選幾個關於綜合素質方面的題目進行問答，這類題目的回答也就那麼幾種基本套路，然後試講，這一階段在考前是可以練習的。在我看來，最難把握的是最後一部分，老師臨場就你的試講或抽到的文章提出問題，然後要你快速解答。

當時，主考官最後問我的問題是：請你從文中找一個最能凸顯作者全家人感情很好的詞。說實話，當時我還是有點緊張，大概掃了一眼文章，一時也沒找出什麼合適的詞，在主考官說出「你可以作答了」時，我脫口而出一個詞：散步。

坐最中間的主考官，一副古板老先生的模樣，特別嚴肅地反問我：「散步是一個形容詞嗎？能夠形容一家人感情好嗎？」然後三個主考老師都盯著我，我被盯得心裡發毛，心一橫，想著反正都被人認為回答錯了，豁出去再賭一把。

我眼一閉，心一橫，面不改色，開始一本正經地「胡謅」。我說：「散步的確不是一個形容詞，但卻是最能凸顯一家人感情好的詞了。『散步』不同於走路或者跑步，為了滿足需求或者為了到達哪裡而不得不從事的一項活動，它是處於它們中間比較心平氣和的一種娛樂休閒行為。我們不會跟陌生人一起散步，因為很怪；我們不會跟討厭的人一起散步，我們才不想跟他們呼吸同一片空氣；我們也不會跟不太熟的人一起散步，因為很尷尬，沒話題聊，沒氛圍。而我們最可能的就是跟自己的好朋友、喜歡的人和家人一起散步。現在每個家庭生活的節奏都很快，為了賺錢，為了工作，為了做自己的事，而忽略了陪家人。但作者一家四口卻能心平氣和地聊著天散步，夫妻之間交流很好，父母和孩子溝通很好，婆媳之間的感情也很好，單單從散步這一行為，就可以看出他們的感情是很好的。所以我覺得散步這一詞就是最能代表他們家感情好的詞。」

在我說完這段話之後，幾個主考官都笑了，臉上的表情是放鬆，還有認可地點點頭，我心裡也差不多確定這次面試我可以過了，一邊在心裡鬆了一口氣，一邊暗自為自己的急中生智慶幸。後來回過頭去看，我覺得自己的「瞎扯」挺有創意的。

後來，我跟朋友講起這件事，她們都表示不信，「你提前準備好的吧？怎麼會說得那麼好呢？」大概因為我平時習慣糊弄人，歪理一套一套的，加上我長了一張藏怯的臉，哪怕心裡再緊張，也總能表現得胸有成竹，所以主考老師們被我唬住了。

那時，我還沒開始寫文章，也根本沒有細想自己能急中生智的原因。後來，我開始寫文章，有一次，跟寫作圈的一個朋友聊天時，無意間提起這件事。我說：「可能生活早有安排，冥冥之中就用我玩的文字遊戲，暗示我以後會跟文字打交道。」

朋友笑我太迷信，他說：「你寫東西的時候有沒有發現，當你有時想找素材支撐你的觀點時，你總能馬上找到，其實這是因為你平時就看了很多書，對很多東西都進行了思考。之前的考試也一樣，看似你是一臉懵瞎扯，其實在你頭腦的知識庫存方面，早就做好了這些方面的準備。這並不是什麼幸運，只是你準備好了，所以你才能急中生智。」

所有的急中生智，都是建立在你的底氣上。你的底氣，來源於你對某件事物的準備和信心，你能成功度過艱難險阻，百分之九十不是因為幸運，因為你早就做好了應對的準備，自知的，或者非自知的。

這件事給我最大的感受是，生活真的變幻莫測，你很難知道下一刻會生出什麼樣的挑戰為難你。就像提前祈禱主考官問簡單一點的問題，結果剛好被為難住；希望考卷上出的題目剛好是你會做的，最後卻是你不會什麼來什麼。在這些糟糕和意外發生的第一瞬間，你可能會習慣性地抱怨運氣差，但總有那麼一類人能成功化險為夷，將劣勢變為優勢，看似誤打誤撞，但讀書時老師早就告訴了我們：「為了以防試卷出得太難太偏，我們得不斷提高自己的能力，適當多做難題，做好會遇到不會做的題目的準備，哪怕到時候真遇到了，也不至於亂了手腳。我們不能要求出卷老師適應我們，只能提早準備好自己去適應考試。」

為了以防萬一，我們得時刻準備好自己，這應該是有意識的。

我有一個學姊，讀書時是老師的左膀右臂，策劃過很多大的活動，並且都很成功，幾乎得到所有老師的一致贊同。剛工作的時候，她也是升職加薪最快的，在同屆學長都在社會觀望乞求溫飽時，她就月入上萬。並且作為一個剛進入社會的同齡人，她很積極地給同屆沒找到工作的朋友推薦工作機會，後來就形成一個很壯觀的現象：讀書的時候，她獨當一面，畢業後，她依舊是最霸氣的大姐大，跟她混的有飯吃，很多同班同學也都去投奔她，形成一個以她為中心的工作小分隊。

這件事，我們學院的老師都知道，每次提起她，都讚不絕口，說她真的很不錯，是一個很有能力的女生。之前，她還在學校的時候，因為一個偶然的機會，我和她認識了，互相加了微信，也算是半個「朋友圈」互讚互評的熟人。在聽說上面這些事後，我有找她聊過幾次，很真誠地誇她很棒，跟她說「我想向你學習，想知道你為什麼這麼厲害」。

當時，她已經開始帶實習生了，雖然入職還未到一年。她跟我說：「就像我帶的實習生，有的我教了怎麼做，還不會做，總出錯；有的我一說，就能做得很好，並且把我接下來想要的都想到了，並且安排好了。如果有偏好的話，我肯定更喜歡後者，因為這樣的人更懂得去用心思考我需要什麼。同理，這種思維放在工作中也很重要。我帶著方案去找客戶，如果是我事先沒準備好就這麼去了，假設客戶覺得這個方案不好，就是又浪費一個上午，時間就是金錢。倘若我做了幾份不一樣的方案，讓他們去選，他們的選擇性更多，我成功的可能性就更大。」

過了一會兒，她又繼續說：「我是靠拿抽成吃飯的，如果最後我還是沒跟客戶談成，我也不會少拿很多錢，因為我還有很多別的客戶，並且針對客戶的不同性格，我有研究跟他們相處談合作的不同方式。我有很多退路，我做好了應對工作各方面挑戰的準備，進可攻退可守，並且工作過程中可能出現的最壞結果我都預估過，心裡也有一套怎麼盡可能止損的方案。生活是變化的，為了跟得上它的腳步，人也應該適應變化隨時學習，我也只是比別人考慮得多一些，準備得多一些。」

學姊是一個很聰明的女生，如果生活是一盤棋的話，那她就是一個高手，不同於走一步看一步把自己逼近絕路的選手，她的眼光更長遠，懂得佈棋，在保證自己前進擁有更多可能性的基礎上，總會給自己留很多後路。她懂得做自我危機管理，在不讓自己陷入絕境的前提下，做好應對生活變化的準備，並且不斷地分析局勢，善於調整自己的戰略。不同於有固定套路的選手，學姊的最大特點就是沒套路，你永遠不知道她的七寸在哪裡，在你以為這次她肯定要栽進生活的坑裡時，她總能漂亮地化解難題，然後繼續昂首挺胸地出現在你面前。這一切不是因為她運氣好，只是她早就預料到可能會到這一步，提前做好準備，表現出來讓我們看到的就是她擅長靈活應對生活。

大學學過一門課程叫「公共危機管理」，每章都會提到一個關於公共危機的話題，國內的或者國外的，分析當時政府或者決策者是如何應對這場公共危機，成功的或者失敗的地方都分析，然後最終我們要做的就是，制定同類公共危機的應付方案。

我記得很清楚，在開始這門課的第一節課時，老師說：「我們學危機管理，從來不是等危機發生之後再進入。一個成功的危機管理者是懂得防患於未然的，我們要學會提前做好某類危機的準備方案，隨時做好應對未知變化的準備。」

學習之後，我才明白，每次在發生重大危機災難時，決策者手上早就有幾套盡可能止損的方案，有一個專門的部門來隨時應對可能發生的一切，居安思危只是為了防患於未然。

而要說這門課讓我學到最重要的東西，就是要有危機意識，然後防患於未然，做好準備應對一切挑戰。

時刻準備好自己，來應對生活的變化，不為別的，哪怕真要摔一個跟頭，我也要成為眾多生活強者中摔得最漂亮最優雅的那一個。

高寶書版集團
gobooks.com.tw

高寶文學 029

別人的眼光沒資格打敗你

作　　者　文長長
責任編輯　吳珮旻
封面設計　黃馨儀
內頁排版　趙小芳
企　　劃　鍾惠鈞

發 行 人　朱凱蕾
出　　版　英屬維京群島商高寶國際有限公司台灣分公司
　　　　　Global Group Holdings, Ltd.
地　　址　台北市內湖區洲子街 88 號 3 樓
網　　址　gobooks.com.tw
電　　話　(02) 27992788
電　　郵　readers@gobooks.com.tw（讀者服務部）
　　　　　pr@gobooks.com.tw（公關諮詢部）
傳　　真　出版部　(02) 27990909　行銷部 (02) 27993088
郵政劃撥　19394552
戶　　名　英屬維京群島商高寶國際有限公司台灣分公司
發　　行　英屬維京群島商高寶國際有限公司台灣分公司
初版日期　2019 年 01 月

原作名：《別人的眼光沒資格打敗你》作者：文長長

國家圖書館出版品預行編目 (CIP) 資料

別人的眼光沒資格打敗你／文長長著. -- 初版. --
臺北市：高寶國際出版：高寶國際發行, 2019.01
面；　公分. -- (高寶文學：029)

ISBN 978-986-361-628-3(平裝)

1. 成功法　2. 自我實現

177.2　　107022244

GOBOOKS
& SITAK
GROUP ©